D1734729

L'ART JAPONAIS
DE LA PÉRIODE EDO

TOUT L'ART Contexte

L'ART JAPONAIS DE LA PÉRIODE EDO

CHRISTINE GUTH

Flammarion

Crédits photographiques

Sauf mention contraire, les illustrations proviennent des institutions qui conservent les œuvres. Les numéros renvoient aux illustrations.
BOSTON, Museum of Fine Arts, Fenollosa-Weld Collection (inv. n° 11.4513.4), 51 – CALIFORNIE, Courtesy Bruce Coats, 33. – CAMBRIDGE (Mass.), Harvard University Art Museums, Courtesy of the Arthur M. Sackler Museum, Bequest of the Hofer Collection of the Arts of Asia, 24. – Courtesy Harvard University Art Museums, Gift of Philip Hofer (inv. n° 1984.494), 114. – Courtesy Christie's, 16. – CLEVELAND, The Cleveland Museum of Art. Purchase, Leonard C. Hanna Jr. Bequest, 82. – Collection de Etsuko et Joe Price, photo courtesy Los Angeles County Museum of Art, 52. – HONOLULU, Honolulu Academy of Art, The James A. Michener Collection (inv. n° HAA 21,638), 63. – ISHIKAWA, Courtesy of the Ishikawa Prefectural Museum of Art, Cultural Property designated by Ishkawa Prefecture, 111. – KYOTO, photo factory Mihara, 107. – LEYDE, National Museum of Ethnology, the Netherlands. Collected by Philipp Franz von Siebold between 1823 and 1829, 11, 22. – LONDRES, British Museum 2, 6, 13, 54, 57, 68, 69, 70, 71, 73, 74, 76, 78, 80, 84, 85, 95, 101, 109, 112; Courtesy Eskenazi Ltd (Oriental Art), 15; Spectrum Colour Library, 9, 31, quatrième de couverture; Trustees of the Victoria & Albert Museum (inv. n° c.1324-1910) [Salting Bequest] 46, (inv. n° E 3873 1916), 90, (inv. n° E.5516 1886), 91; Werner Forman, 10. – LOS ANGELES, University of California, Collection of the Grunwald Center for the Graphic Arts, purchased from the Frank Lloyd Wright Bequest, 72. – NARA, The Museum Yamato Bunkakan (photo, Seiji Shirono), 97. – NEW YORK, The Asia Society, Mr. and Mrs. John D. Rockefeller 3rd Collection (inv. n° 1979.234 a, b), 113. – Courtesy Christie's, 77; The Metropolitan Museum of Art, The Harry G.C. Packard Collection of Asian Art, Gift of Harry G.C. Packard and Purchase, Fletcher, Rogers, Harris Brisbane Dick and Louis V. Bell Funds, Joseph Pulitzer Bequest and The Annenberg Fund, Inc. Gift, 1975 (inv. n° 1975.268.48), 34, Rogers Fund, 1957 (inv. n° 57.156.7), 53; photo Carl Nardiello, 18, 43, 44, 45; The New York Public Library, Astor, Lennox and Tilden Foundations, 37; Wim Swaan, 32, 100. – Photo Gakken Co. Ltd, 36. – PARIS, photo Flammarion, dos. – PRINCETON, The Art Museum, Princeton University. Museum purchase, gift of William R. McAlpin, 35. – WASHINGTON, D.C., Freer Gallery of Art, Smithsonian Institution (inv. n° 06.231/06.232) 39, (inv. n° 03.1) 41, (inv. n° 07.84) 42, (inv. n° 70.22), 79; Sackler Gallery, Smithsonian Institution (inv. n° S1985.1), [photo, John Tsantes], 99.

REMERCIEMENTS

J'aimerais remercier Karen Brock, Sandy Kita, Ann Lee Morgan, Thomas Shepherd et tout spécialement Money Hickman, pour leurs commentaires et suggestions qui ont aidé à améliorer le texte. Dans la préparation de ce livre, Jacky Colliss Harvey et Ingrid Cranfield ont assuré avec soin le suivi éditorial et l'organisation d'ensemble. Steve Addiss et Bruce Coats ont été particulièrement précieux pour obtenir les photographies, mais je dois une reconnaissance toute spéciale à Sue Bolsom-Morris pour son inlassable quête des diapositives qui ont permis l'abondante illustration de l'ouvrage.

Traduit de l'anglais par Denis-Armand Canal
Suivi éditorial : Bérénice Geoffroy-Schneiter
Correction : Béatrice Peyret-Vignals
Mise en pages : Dominique Guillaumin
Flashage : Leyre, Paris

Achevé d'imprimer en février 1996
sur les presses de l'imprimerie Toppan, Singapour
Imprimé à Singapour

© Calmann and King Ltd, Londres, 1996
Titre original : *Japanese Art of The Edo Period*
Conseiller scientifique :
Tim Barringer (Londres, Birbeck College)

© Flammarion, Paris, 1996 pour l'édition française
ISSN : 1258-2654
ISBN : 2-08-01228-0
N° d'édition : 1073
Dépôt légal : mars 1996

Sommaire

AVIS AU LECTEUR

CHRONOLOGIE

JAPON

Période Nara : 710-794
Période Heian : 794-1185
Période Kamakura : 1185-1333
Période Muromachi : 1333-1573
Période Momoyama : 1573-1615
Période Edo (Tokugawa) : 1615-1868

CHINE

Dynastie Tang : 618-907
Dynastie Song du Nord : 960-1127
Dynastie Song du Sud : 1127-1279
Dynastie Yuan : 1279-1368
Dynastie Ming : 1368-1644
Dynastie Qing : 1644-1911

PRINCIPAUX NOMS D'ÈRE UTILISÉS DANS LE TEXTE

Ère Genroku : 1688-1704
Ère Kyōhō: 1711-1736
Ère Kansei : 1789-1801

La translittération des mots japonais est faite selon le système Hepburn ; celle des mots chinois, selon le système Pinyin. Les mots comme daimyo, shogun, samurai et netsuke, qui apparaissent en tant que tels dans les dictionnaires courants, sont employés comme des mots français. Les noms propres sont donnés selon l'ordre japonais : nom de famille d'abord, prénom ou nom d'artiste ensuite. Après la première citation, les artistes ne sont mentionnés que par leur prénom ou leur nom de plume : c'est ainsi, par exemple, que Yoga Buson sera appelé simplement Buson.

Le Japon de la période Edo : principales villes, provinces, routes et voies maritimes

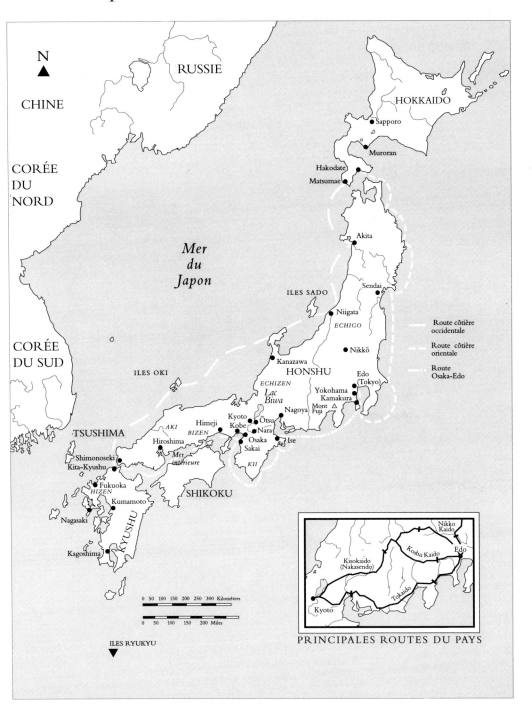

VUE D'ENSEMBLE
SUR L'ART

1. Nishikawa Sukenobu (1671-1750)
Jeune beauté à sa toilette, première moitié du XVIIIe siècle. Rouleau vertical, encre et couleurs sur soie, 85 x 44,5 cm. Atami, MOA Museum of Art.

Un visage rond au nez régulier, un corps souple et sensuel, sont les traits caractéristiques des portraits de femme de cet artiste de Kyoto. Les peintures et les illustrations de livre de Sukenobu reflètent les canons de la beauté féminine dans la région de Kyoto-Osaka.

P romue capitale du shogunat Tokugawa en 1603, Edo – l'actuel Tokyo – eut une influence décisive sur le paysage artistique japonais. Au moment où Ieyasu (1543-1616), premier shogun de la dynastie, fit de cette localité sa capitale administrative et militaire, Edo était à peine plus qu'une petite garnison entourant une forteresse. Dès le début du XVIIIe siècle, cette ancienne bourgade perdue comptait un million d'habitants, ce qui en faisait la plus grande cité du monde. Elle se targuait d'une culture active, rivale de celle de Kyoto, résidence de l'Empereur et de sa cour, et cœur de la civilisation traditionnelle. Tout au long des deux siècles et demi du gouvernement Tokugawa, les arts plastiques allaient être dominés par l'évolution parallèle d'Edo et de Kyoto.

Ieyasu établit son quartier-général à Edo après que l'Empereur l'eut nommé chef suprême des armées (shogun), en reconnaissance de son rôle dans le processus de réunification nationale, commencée avec Oda Nobunaga (1534-1582) et Toyotomi Hideyoshi (?1536-1598). Mais il fallut attendre 1615 et l'élimination des troupes restées fidèles à Hideyoshi, lors du siège sanglant de la ville-forte d'Osaka, pour que Ieyasu pût institutionnaliser son contrôle sur la nation. Le système administratif mis en place par lui-même et par ses successeurs immédiats dura jusqu'en 1868; on appelle cette période «Tokugawa», d'après les quinze générations de shoguns qui portèrent ce nom, ou «Edo», d'après la ville qui fut leur capitale.

Tout au long de cette période, le Japon bénéficia d'une paix et d'une prospérité comme il n'en avait pas encore connu. L'une des conséquences les plus immédiates de cette *pax Tokugawa* fut de transformer la nature de la classe guerrière dirigeante des samurais, fondée sur une hiérarchie composée du shogun (commandant en chef), des daimyos (grands seigneurs féodaux) et de leurs vassaux.

Avec la fin des guerres intestines, un bon nombre de ces féodaux gagnèrent la capitale pour assumer des fonctions bureaucratiques ; désormais privés d'exploits guerriers, ils durent montrer leur valeur dans l'administration de la nation. Mais l'on n'oubliait pas leur passé militaire, au contraire : avec le temps, les valeurs et le prestige guerriers devinrent les symboles les plus forts du droit à gouverner. Le passage des arts de la guerre à ceux de la paix contribua aussi à mettre l'accent sur les diverses réalisations culturelles. Le mécénat et la pratique des arts n'étaient plus simplement des vocations personnelles accessoires ; ils participaient pleinement aux manifestations de l'autorité de la classe dirigeante.

Les shoguns Tokugawa signèrent de nombreux décrets pour étendre leur autorité sur le pays. Ils prirent le contrôle administratif direct sur les grandes villes portuaires, y compris Kyoto, Osaka et Nagasaki. Ils adoptèrent les mesures nécessaires pour que les quelque deux cents daimyos du pays – surtout ceux qui avaient prêté allégeance à Ieyasu après 1600 – fussent hors d'état de prendre une importance susceptible de menacer l'autorité du shogun. Ils promulguèrent des directives à l'encontre de l'Empereur et de la noblesse héréditaire de Kyoto, avec qui les relations restaient tendues, leur enjoignant de se consacrer uniquement aux affaires culturelles et de ne pas s'occuper de politique. Ils instituèrent aussi une politique qui ressemblait fort à de l'isolationnisme, par crainte que le christianisme ne vînt menacer les institutions religieuses japonaises, et que les daimyos du Japon occidental ne fissent alliance avec les Européens, au détriment de l'autorité centrale. La période Edo coïncide avec cette époque de repli national qui ne se terminera que vers 1850, lors du rétablissement des relations commerciales avec l'étranger et la restauration du gouvernement impérial direct en 1868.

Le pouvoir Tokugawa imposa aussi la stabilité et l'ordre, en créant une hiérarchie sociale officielle, partant des samurais, au sommet, pour descendre aux fermiers, aux artisans et aux marchands. Les fermiers étaient plus honorés que les artisans parce qu'ils cultivaient le riz, base de l'alimentation qui constituait en outre l'essentiel des « pensions » annuelles que recevait la classe des samurais. Quant aux marchands, ils étaient relégués au bas de la hiérarchie parce que l'on estimait qu'ils ne « produisaient » rien d'utile à la société. Ils faisaient pourtant vivre la ville avec les artisans ; on les regroupait sous l'appellation de « chonin », littéralement « résidents du bloc ».

La période Edo vit l'épanouissement d'une culture urbaine extraordinairement riche, variée et originale. Cela résultait à la fois de la métamorphose et de la « commercialisation » des formes culturelles naguère associées à la noblesse et à l'élite de guerriers, et de nouvelles évolutions, fruit d'impulsions venues des provinces et de l'étranger. Bien que plusieurs spécialistes aient tracé une distinction nette entre culture de l'«élite» et culture «populaire», cette séparation est démentie par l'évolution d'un système de valeurs culturelles partagées, qui transcendait la hiérarchie des classes.

Jusqu'au XVIe siècle, le mécénat artistique avait été l'exclusivité de la Cour, du shogunat et des institutions religieuses, qui dictaient l'idéologie politique et les dogmes sacrés par leurs choix artistiques. Dans la période Edo, la croissance phénoménale des centres urbains, peuplés de riches citadins défiait les efforts de l'élite dirigeante pour maintenir son contrôle sur la production artistique ; la puissance économique de la bourgeoisie, spécialement à Edo, Kyoto et Osaka, sapait l'hégémonie du shogunat, mais contribuait aussi à un nouveau pluralisme en matière de choix esthétiques.

La perfection artistique étant un signe d'accomplissement personnel, hautement considéré à tous les niveaux de la société cultivée d'Edo, les hommes et les femmes de toutes les classes pratiquaient une ou plusieurs disciplines. L'on n'avait, en fait, que l'embarras du choix. Les «Quatre Perfections» – musique, peinture, calligraphie et jeux d'adresse – jouissaient d'une grande popularité, en partie parce qu'elles étaient fort estimées en Chine, mentor traditionnel du Japon en matière de culture. La relation intime entre peinture, poésie et calligraphie, si marquante dans l'art chinois, caractérisa aussi l'expression artistique du Japon.

Si le shogunat était en mesure de contrôler les sujets et les styles d'art officiel par le mécénat, il fut rapidement incapable d'imposer ses règles aux goûts artistiques des marchands, des artisans et des fermiers (ill. 2), voire de ses vassaux. Les feudataires ne pouvaient ignorer le canon officiel dans la décoration de leurs résidences, mais ils avaient tout loisir de suivre leurs goûts et leurs intérêts personnels en commanditant des œuvres pour leur jouissance privée. Il s'ensuivit que plusieurs artistes novateurs trouvèrent moyen de s'exprimer selon des modes qui échappaient à la sanction officielle du gouvernement. Certains d'entre eux, reconnaissant les avantages de cette situation en marge du goût officiel, créèrent même une sorte de «contre-culture», parfaitement consciente d'elle-même.

Tout choix esthétique impliquait compétition et l'un des faits marquants de la survie artistique en milieu urbain était de trouver et de garder une clientèle. Cette compétition contribua à l'éclectisme des styles et à la recherche de nouveautés qui

2. Ki Baitei (1774-1810) *Femme apportant la nourriture aux paysans dans les rizières*, tiré de l'*Album de peinture de Kyuro* (Kyurogafu), 1797. Estampe à la planche de bois, 26,1 x 18,6 cm. Londres, British Museum.

Les artistes Lettrés de la fin du XVIIIe siècle et du XIXe ont souvent célébré les plaisirs simples de la vie rurale.

caractérisent si bien les arts de la période Edo : les artistes devaient être attentifs à la présentation et à la commercialisation de leurs œuvres et de… leurs personnes. Cet aspect «mercantile» de l'art permet aussi de comprendre l'importance de l'amateurisme, face au statut d'artiste professionnel : comme dans l'esthétique occidentale du XIXe siècle, qui cherchait à placer l'œuvre d'art dans un monde idéal, hors du domaine socio-économique, l'amateur digne de ce nom se targuait de représenter une solution de substitution au matérialisme qui envahissait le monde artistique de la période Edo – bien que cette idée fût partiellement due à ce même matérialisme.

La rivalité entre la région du Kansai (ou du Kamigata), dans le sud-ouest, dominée par les villes de Kyoto et d'Osaka, et la région du Kanto, au nord-est, dominée par Edo, est un *leitmotiv* constant de l'histoire culturelle japonaise. Depuis les temps anciens, le fossé linguistique, politique et culturel avait été grand entre l'est et l'ouest du pays, mais il se creusa encore durant la période Edo, lorsque Kyoto chercha à rester l'arbitre culturel de la nation face à la rivalité croissante d'Edo.

L'opposition des goûts et des valeurs esthétiques était particulièrement marquée dans les milieux urbains. Les citadins de Kyoto s'identifiaient fièrement aux raffinements esthétiques de la cour impériale, qui résidait depuis des siècles à Kyoto ; ceux d'Edo, qui ne disposaient pas de cet héritage, tiraient orgueil de leur modernité et se montraient particulièrement réceptifs aux nouveautés. Les habitants de Kyoto croyaient sincèrement qu'ils possédaient un meilleur sens de l'élégance et du bon goût que leurs homologues d'Edo, qu'ils jugeaient plus rustres. Les goûts théâtraux divergeaient également : dans le drame kabuki, le public d'Osaka et de Kyoto affectionnait les raffinements souvent sentimentaux du *wagoto* (ou «style doux»), tandis que ceux d'Edo préféraient les excès expressionnistes de l'*aragoto* (ou «style rude»).

La dynamique des relations entre Kyoto et Edo évolua tout au long de la période. Kyoto, qui avait longtemps connu la plus grande concentration de population et de richesse du pays, fut la première à se remettre des ravages de la guerre civile, achevée avec la réunification de Ieyasu. La production de marchandises de luxe, qui avait fait la renommée de la ville, retrouva sa prospérité dès le début du XVIIe siècle. Malgré l'appauvrissement de l'Empereur et de la noblesse, l'héritage culturel qu'ils incarnaient fut le moteur de cette renaissance de Kyoto. Dans les premières années de la période Edo, les arts de Kyoto se nourrirent des valeurs et des expressions de la noblesse, adaptées et interprétées pour une nouvelle classe de marchands et d'artisans, de plus en plus importante. L'influence de l'esthétique de cour n'était pas limitée à la peinture, mais donnait aussi leurs caractères distinctifs à la céramique, aux laques et surtout aux tissus utilisés pour la mode créée dans la ville. Une étroite relation entre les divers supports et moyens d'expression artistiques allait rester la marque de l'art de Kyoto, durant toute la période Edo.

Au XVIIIe siècle, la prospérité et le prestige de Kyoto commencèrent à décliner, face à l'expansion des activités commerciales et culturelles des autres cités, spécialement Edo. L'atmosphère intellectuelle et artistique de Kyoto continua cependant à attirer les artistes novateurs, particulièrement ceux qui cherchaient à exprimer, à travers leur art, l'aliénation que leur imposait la culture officielle du shogunat. Certains s'inspirèrent de nouvelles influences venues de Chine et d'Occident, tandis que d'autres s'appuyaient sur les anciennes traditions de la cour impériale. L'exploration et la réutilisation de son propre passé littéraire et artistique, afin de refonder et de légitimer le présent, ont fortement marqué les milieux culturels de Kyoto.

L'identité culturelle d'Edo prit son autonomie réelle au milieu du XVIIIe siècle, vers le temps où les estampes polychromes faisaient leur apparition. Si ces dernières n'ont pas été les seules formes d'art créées à Edo, elles ont été certainement les plus répandues. Produites à bon marché et en grand nombre, elles permettaient en effet une consommation artistique à une échelle encore ignorée au Japon. Connues par le peuple sous le nom d'*ukiyoe* (ou «peintures du monde flottant»), les estampes célébrant la beauté et la renommée des courtisanes et des acteurs d'Edo, ainsi que les charmes saisonniers de la ville, devinrent synonymes de l'art Edo. Comme beaucoup de formes d'expression picturale propres à cette période, les estampes consacrées aux activités et aux intérêts de la bourgeoisie urbaine évoluèrent à partir de genres picturaux nés à Kyoto vers la fin du XVIe siècle.

Les estampes isolées et les bois gravés illustrant les livres modelaient et reflétaient tout à la fois la culture et la vie des théâtres et des quartiers de plaisir, domaines qui offraient une séduisante alternative à la culture officielle prônée par le shogunat. Bien que nombre de sujets et de styles figurant sur ces estampes fussent apparus plus tôt dans des œuvres produites à Kyoto, les artistes d'Edo les adaptèrent pour refléter les goûts et les préférences locales (ill. 1), représentant les femmes conformément aux canons locaux de la beauté féminine et les acteurs dans les rôles *aragoto* qui faisaient les beaux jours des théâtres. La surveillance étroite du gouvernement sur les activités artistiques, dans la cité du shogun, dirigea l'inspiration de maints artistes vers des formes assez subversives d'humour, de satire et d'ironie qui n'avaient pas leur équivalent à Kyoto. Tandis que les peintres de la capitale impériale exprimaient généralement des conceptions positives et plutôt optimistes, les artistes d'Edo privilégiaient une esthétique de l'ambiguïté visuelle, accentuant les hiatus entre ce qui est vu et ce qui est représenté.

La croissance extraordinairement rapide d'Edo s'explique non seulement par son statut de centre politique et administratif du pays, mais aussi par une institution particulière établie par le shogunat en 1634. Connue sous le nom de « présence alternée » (*sankin kotai*), cette dernière imposait à tous les grands féodaux du pays l'obligation d'entretenir dans la capitale shogunale de grandes demeures somptueusement décorées où ils pussent résider personnellement lorsqu'ils étaient de service auprès du shogun, et laisser leur famille en otage lorsqu'ils retournaient dans leur fief. Ce système, destiné à empêcher les daimyos de prendre une importance provinciale susceptible de menacer l'autorité centrale, accéléra *de facto* la richesse de la capitale. Comme la domesticité des daimyos devait résider dans la capitale sans femmes ni enfants, cela favorisa également la prospérité des quartiers de plaisir.

L'institution de la « présence alternée » nourrit aussi les développements artistiques dans tout le pays. Pour faciliter les déplacements des seigneurs et de leurs suites, le gouvernement Tokugawa mit sur pied un vaste réseau de routes et de voies d'eau reliant les trois grandes cités d'Edo, Kyoto et Osaka aux villes et aux ports de la province. À la fin du XVIIIe et au XIXe siècle, les déplacements des daimyos et de leurs vassaux, mais aussi ceux des marchands, des trafiquants, des pèlerins, des chevaliers d'industrie et autres coureurs de plaisir, contribuèrent à développer des cultures régionales distinctes, dans le cadre d'une culture nationale de plus en plus intégrée (*cf. chapitre cinq*).

Alors que Kyoto et surtout Edo dictaient les tendances culturelles dominantes, ces derniers subirent aussi l'influence d'autres cités, notamment Osaka et Nagasaki, ainsi que d'autres régions rurales et provinciales. Osaka, situé à quelque cinquante kilomètres au sud-ouest de Kyoto, sanctuaire et ville commerciale de la période Momoyama, devint un vaste port de commerce à la période Edo, avec une population de quatre cent mille habitants. En raison de sa taille et de son importance commerciale, Osaka était considérée comme l'une des trois grandes métropoles (*santo*) du Japon ; à la fin du XVIIe siècle et au début du XVIIIe, la rivalité culturelle entre Osaka, Kyoto et Edo était très vive (ill. 4). Les habitants disposaient de nombreux théâtres et quartiers de plaisir, ainsi que de maisons d'édition connues pour la qualité

3. Anonyme
Mandala du pèlerinage d'Ise, fin du XVIe siècle (détail de la fig. 106, page 158).
Rouleau vertical, encre et couleurs sur papier, 100 x 180 cm.
Ise, Jingd Chkokan.

Certains pèlerins franchissent le pont conduisant au sanctuaire intérieur, tandis que d'autres se purifient dans la rivière.

4. Torii Kiyomasu
(?-1716)
*Courtisanes des trois
villes*, vers 1696-1716.
Estampe sur planche
de bois, triptyque, chaque
feuille de 46 x 29 cm.
Worcester Art Museum
(Mass.).

Les estampes comparant
les charmes des
courtisanes des villes
de Kyoto, Osaka et Edo,
reflètent les rivalités
interurbaines
du XVIIIᵉ siècle.

de leurs livres illustrés et de leurs estampes. La richesse et la curiosité
de ses marchands attiraient aussi de nombreux peintres.

Malgré l'interdiction de voyager à l'étranger, imposée par le shogunat après 1630 dans le cadre de la politique d'isolationnisme, le
Japon de la période Edo ne fut cependant pas totalement coupé du
monde extérieur. Les influences étrangères constituèrent même un
élément important dans le mélange culturel qui donne aux arts de
cette période leur cachet distinctif. Pour l'essentiel, ces influences
pénétraient au Japon par le port de Nagasaki, dans l'île méridionale
de Kyushu. La communauté chinoise vivant sur place et un petit
nombre de résidents hollandais, associés de la Compagnie des Indes
orientales et confinés dans l'île de Deshima, dans le port de Nagasaki,
faisaient de cette ville la Mecque des artistes désireux de se mettre au
courant du monde extérieur.

Dans la période Edo, les relations du Japon avec la Chine furent
extrêmement complexes et multiformes. L'évolution de plusieurs arts
reflète l'image de la culture chinoise que possédaient les artistes japonais et leur clientèle – image qui ne ressemble guère plus à l'original
que celle des «japonistes» européens du XIXᵉ siècle au Japon dont ils
rêvaient.

La culture chinoise était révérée, imitée et elle entrait aussi dans
une stratégie visant à légitimer la culture japonaise. Les valeurs
éthiques du confucianisme étaient particulièrement influentes, les
notions de loyauté envers les maîtres et de piété filiale étant fondamentales à la culture féodale. En outre, plusieurs prises de position
du shogunat Tokugawa envers l'art puisaient leurs racines dans une
théorie du confucianisme selon laquelle la pratique personnelle et la
promotion des arts par l'élite dirigeante servent à légitimer le pouvoir, renforcent les valeurs morales du pays et contribuent à l'ordre

5. Kano Tan'yū
(1602-1674)
Le Miroir des Empereurs
(*Teikanzut*), 1633, détail
de deux panneaux.
Fusuma, couleur, peinture
d'or et poudre d'or sur
papier, chaque panneau
192 x 140 cm.
Jōdanoma, Jōrakude,
château de Nagoya.

Les portraits des
empereurs de Chine par
Tan'yū, peints pour la
grande salle d'audience du
château appartenant à
l'une des trois grandes
lignées de la famille
Tokugawa, sont typiques
des sujets moraux voulus
par le shogunat.

cosmique (ill. 5). L'opposition entre artistes « amateurs » et « professionnels » est aussi ancrée dans les traditions chinoises : plus idéale que réelle en Chine, cette distinction y séparait, depuis le XIIe siècle, les gentilhommes peintres et lettrés, amateurs de bon goût, et ceux qui vivaient de la vente de leur art.

Malgré la fermeture officielle des frontières, ou peut-être en raison de celle-ci, les bureaucrates, les intellectuels et les artistes étaient avides des nouvelles de l'Occident. La curiosité pour la science et pour la technique européennes (ill. 6), spécialement dans les domaines de la botanique, de l'anatomie, de la géographie et des autres sciences de la nature, s'intensifia après 1720, lorsque le shogunat eut levé l'interdiction qui pesait sur l'importation des livres. La diffusion de ce genre de publications, souvent illustrées, stimulèrent l'empirisme des arts ; à la fin du XVIIIe siècle, tandis que certains artistes, déçus de la décadence morale et intellectuelle du shogunat, se tournaient vers le passé pour chercher leur inspiration dans l'étude des antiquités nationales, d'autres allaient chercher du côté des modes de pensée et de l'art européens.

L'expérience du voyage à travers le pays a été importante pour de nombreux artistes de la période Edo. Ceux des villes faisaient des tournées de découverte personnelle, visitant les lieux saints les plus célèbres, sur les pas d'un grand poète ou d'un chef religieux, ou contemplant simplement les beautés du monde naturel. Au XIXe siècle, le nombre croissant de fermiers riches et cultivés encouragea aussi les artistes des villes à entreprendre des voyages jusque dans des régions éloignées, à la recherche de commandes, ce qui contribua à estomper la frontière entre culture urbaine et culture rurale.

Les déplacements culturels le long des routes terrestres et des voies d'eau ne furent nullement à sens unique. Bien que les citadins prissent un malin plaisir à se moquer des rustres ignorants de la campagne, la culture des villes était nourrie et revitalisée en permanence par les allées et venues des campagnards. Les flux d'hommes et de femmes en quête de travail apportaient avec eux des concepts et des pratiques traditionnels que l'on retrouvait ensuite dans les arts. Les voyageurs rapportaient aussi des souvenirs sous forme de tissus, de laques et de céramiques, substituts, souvent sans prétention, à l'art dont on disposait dans les milieux urbains. Les objets artisanaux de haute qualité, produits sous le contrôle des daimyos dans leurs fiefs de province, ainsi que les articles envoyés en guise de tribut par les îles lointaines de l'archipel des Ryūkyū, influencèrent aussi les goûts et les modes des grandes capitales artistiques.

Le propos essentiel de cet ouvrage est que le sens de l'identité urbaine et régionale marque puissamment la culture de la période Edo.

Il a donc pour objet de passer en revue les activités de quelques artistes sélectionnés, dans leur environnement matériel et socio-économique, et de mettre ainsi en relief la dynamique culturelle de quatre villes principales : Kyoto, Edo, Osaka et Nagasaki. Les déplacements des artistes entre les cités et les échanges entre ville et campagne ayant joué un rôle capital dans l'évolution artistique, l'ouvrage abordera aussi ces relations réciproques.

À l'intérieur de ce cadre, nous avons choisi de développer des thèmes qui illustrent l'impact de l'environnement urbain sur l'artiste. Quel rôle le contexte matériel joue-t-il dans la genèse de la vision de l'artiste ? Comment les artistes se voient-ils eux-mêmes par rapport aux autres artistes et à la société ? Quelle était la nature de la relation entre artiste et patron ? Sous quelle forme la compétition entre artistes citadins a-t-elle influencé la production et la commercialisation de l'art ? Aucune étude limitée ne saurait aborder toutes les activités artistiques d'une nation, dans leur diversité, sur plus de deux siècles et demi ; dans ces conditions, bien que certains calligraphes, sculpteurs, céramistes et tisserands soient traités, l'essentiel de l'étude est réservé aux peintres et aux auteurs d'estampes, dont l'œuvre a, tout ensemble, modelé et reflété les tendances dominantes dans le bouillonnement culturel de la cité.

6. Keisai Masayoshi, Shiba Kōkan *et al.*
Traitement d'un patient par le procédé d'électricité statique de Hiraga Gennai, tiré de *Mélanges d'études hollandaises* (*Kōmo Zatsuwai*), 1787. Livre imprimé à la planche de bois, 22,3 x 15,7 cm. Londres, British Museum.

Hiraga Gennai élabora de nombreux procédés pour fabriquer de l'électricité statique, d'après des modèles hollandais. Ces machines étaient utilisées (sans succès) pour traiter différentes maladies.

CHAPITRE I

L'ARTISTE ET LA VILLE

7. Hishikawa Moronobu
(v. 1618-1694)
Coulisses d'un théâtre
kabuki (détail).
Paire de paravents
à six panneaux, encre,
couleurs et poudre
d'or sur papier,
chaque paravent
de 170 x 390 cm.
Tokyo, Musée national.

Moronobu a adopté une
perspective aérienne pour
donner une vue
panoramique des acteurs
se préparant dans les
coulisses du théâtre
Nakamuraza, à Edo
– habillage, maquillage,
accord des instruments de
musique – avant la
représentation.

Les artistes japonais ont commencé à peindre des vues panoramiques de la ville de Kyoto et de ses environs au début du XVIe siècle. Ces paysages urbains, connus sous le titre de *Vues dans et autour de la capitale* (*Rakuchū rakugai-zu*), prennent la forme typique de paravents pliants en six panneaux, la partie est de Kyoto se trouvant à droite et la partie ouest à gauche. On y voit combinés des vues « aériennes » des palais, des temples et des sanctuaires célèbres de la cité, avec des coups d'œil sur les activités publiques et privées de ses habitants (ill. 8). Vers la fin du XVIIe siècle, les vues idéalisées d'Edo et d'autres centres urbains ont été très répandues dans tous les supports artistiques, des peintures et estampes aux textiles et aux laques. La popularité durable de ce genre pictural en dit long sur l'importance croissante de la ville et sur la place de l'artiste en son sein.

La cité a transformé l'idée que l'artiste se faisait de lui-même, ainsi que son sens de l'espace, du temps et de la société. Sans remplacer totalement la nature comme métaphore inspiratrice de l'art, elle offrait un nouvel idéal d'abondance et d'énergie, modelé par les mains de l'homme plutôt que par celles de Dieu. La ville rassemblait dans ses murs des gens de toute condition, venus de tout le pays, et leur offrait jour et nuit le spectacle de sa splendeur, quelle que fût la saison. Dans la ville, l'information, les biens matériels et les loisirs naguère réservés à l'élite de la société étaient disponibles pour tous.

La ville attirait les artistes en raison des aubaines économiques qu'elle leur offrait. Kyoto abritait une communauté artistique riche et variée avant même la période Edo, mais d'autres centres s'étaient développés au XVIe siècle sous le patronage de seigneurs féodaux ou bien en raison d'une situation avantageuse. Certains artistes se déplaçaient de la campagne à la ville ou d'une ville à l'autre, au gré de leur

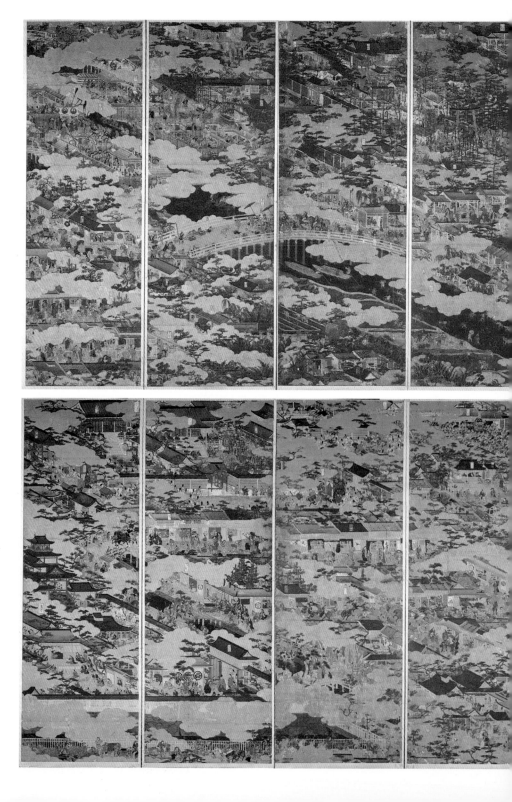

8. Anonyme.
Vues dans et autour de la capitale, première moitié du XVIIe siècle. Paire de paravents à six panneaux, encre et couleurs sur fond d'or, chaque paravent de 160 x 340 cm.
Tokyo, Musée national.

Dans cette vue panoramique de Kyoto et des environs, les curiosités architecturales, les beautés saisonnières et les activités culturelles sont figurées avec une grande clarté, à travers des bandes de nuages dorés. Les paravents *(celui de droite est en haut, celui de gauche en bas)* nous invitent à un parcours depuis les collines des faubourgs, parsemées de temples et de sanctuaires, jusqu'aux rues à angle droit de la cité, dominée par les imposantes résidences de la noblesse et de l'élite militaire. Dans les quartiers commerçants circule une procession de bannières colorées, apogée de la fête *Gion*, qui se tenait à la mi-juillet. Le feuillage automnal et les collines couvertes de neige, à la périphérie, renforcent l'image d'un univers cohérent et complet.

fantaisie, mais la plupart d'entre eux, surtout au début du XVIIᵉ siècle, étaient attirés par l'appât du gain, voire poussés par la nécessité. Une fois installés, ils établissaient des ateliers héréditaires, dont les plus favorisés pouvaient durer des générations.

La nouvelle identification de l'artiste avec la ville est manifeste par le fait que beaucoup d'entre eux ont incorporé dans leur signature les mots «Edo», «Heian» ou «Miyako», ces deux derniers étant d'autres noms pour Kyoto. Certains ateliers étaient aussi connus par leur localisation dans la topographie de la cité. L'école de Kyoto fondée par Maruyama Ōkyo (1733-1795) et Matsumura Goshun (1751-1811) était connue sous le nom de Maruyama-Shijō, d'après Shijō («Quatrième Avenue»), où résidait Goshun. Les quatre branches principales de l'école Kano, à Edo, étaient également connues d'après la situation de leurs ateliers à Kajibashi (le «pont du forgeron»), Nakabashi (le «pont central»), Kokibichō (le «district de la scierie») et Hamachō (le «district du rivage»).

LA VILLE-FORTERESSE

Les tableaux représentant des lieux célèbres dans la poésie (*meishoe*) ont occupé la première place du répertoire artistique depuis la période Heian (794-1185), mais ils figuraient pour la plupart des curiosités à l'écart des grands centres de population, appréciées surtout pour leurs associations métaphoriques. L'accent nouveau mis sur le paysage urbain comme microcosme de l'État et de la société humaine intervient parallèlement à la croissance remarquable des villes et des cités entre 1580 et 1700, et la progression plus lente qui la prolongea ensuite. Avec le doublement de sa population (environ 30 millions d'habitants, dont plus de dix pour cent vivant dans des villes de dix mille habitants ou plus), le Japon est devenu, à cette époque, l'un des pays les plus urbanisés du monde.

Plusieurs grandes villes existaient toutefois avant le XVIᵉ siècle : Kyoto, résidence de l'Empereur et de sa cour ; Nara, capitale de 710 à 784 ; Kamakura, quartier général du shogunat de 1185 à 1333 ; le port de Sakai, prospère durant les périodes Muromachi (1333-1573) et Momoyama (1573-1615). Toutefois, la plupart des centres urbains qui ont grandi durant les XVIᵉ et XVIIᵉ siècles, se sont d'abord présentées comme des «villes-forteresses» (*jōkamachi*), édifiées dans les points d'importance stratégique pour les seigneurs de la guerre.

Le pays compte en effet plus de deux cents châteaux, dont une bonne partie édifiée entre 1580 et 1610, durant la phase finale des guerres civiles, par Nobunaga, Hideyoshi et Ieyasu. L'image de Kyoto était alors si forte, véritable idéal urbain, que plusieurs seigneurs de la guerre incorporèrent des répliques de certains bâtiments de la capitale impériale dans leurs villes-forteresses. Si plusieurs de ces établissements, grandis trop rapidement, sont aussi vite tombés en déclin après la mort de leurs maîtres, d'autres ont continué de prospérer durant la période Edo. Osaka, jadis connue sous le nom d'Ishiyama, d'après la communauté religieuse qui occupait les lieux, fut remodelée par Hideyoshi, avec la construction d'une forteresse exceptionnellement vaste et opulente. Cet ensemble a été détruit en grande partie par les forces de Ieyasu, en 1614-1615, mais la ville qui l'entourait est vite devenue l'un des principaux centres commerciaux du pays. Hideyoshi agrandit et remania aussi une forteresse déjà existante à Himeji (ill. 9), dans l'ouest du Japon, stimulant du même coup la croissance de cette petite ville. Nagoya, résidence de la branche Owari de la famille Tokugawa, et Kanazawa, siège domanial de la famille Maeda, ont aussi pour origine des *jōkamachi*, tout comme Edo sous les Tokugawa.

Le *jōkamachi* était initialement prévu comme garnison militaire, avec un château-fort à étages au centre. La connaissance des châteaux européens, grâce aux livres et aux estampes apportés par les marchands portugais et les missionnaires jésuites, ainsi que l'intro-

9. Forteresse d'Himeji à Himeji (préfecture de Hyōgo), fin du XVIe siècle.

Comme la plupart des châteaux du XVIe siècle, Himeji a été largement restauré, mais avec un goût extrême. En raison de ses murs blancs et de l'élégance de ses proportions, on le connaît au Japon sous son surnom populaire de «château des Hérons blancs».

duction des armes à feu (elles aussi importées par les Portugais) ont probablement influencé leur plan. Le château et le secteur alentour, au point le plus élevé de la cité, était le domaine réservé des féodaux et des seigneurs de la guerre. À la différence des villes fortes de l'Europe médiévale, celles du Japon ignoraient les enceintes fortifiées, mais étaient entourées de fossés et de chicanes d'accès pour gêner les assauts ennemis. Des douves, qui utilisaient parfois des rivières et courants naturels, servaient aussi à séparer les zones résidentielles réservées aux maîtres féodaux et à leurs vassaux immédiats, de celles des artisans et marchands qui pourvoyaient à leurs besoins. Les fermiers nécessaires à l'approvisionnement de l'ensemble vivaient dans les environs immédiats.

La construction et la décoration des châteaux féodaux attiraient les talents : charpentiers, peintres, sculpteurs, fabricants de tuiles et autres artisans venaient de tout le pays. La société encore très mobile du XVIe siècle et du début du XVIIe permettait aux artistes de la plus humble origine de connaître, du jour au lendemain, d'éclatants succès professionnels. Par exemple, le créateur de la tradition de céramique Raku était employé par Hideyoshi comme fabricant de tuiles, lors de la construction du château de Jūrakudai, lorsque le maître de thé Sen no

10. Jōdan no ma, Shiroshoin, vers 1632. Kyoto, Nishi Honganji.

On pensait naguère que cette salle d'audience avait fait partie du château Fushimi construit pour Hideyoshi. Des recherches récentes ont montré qu'elle date en fait de l'ère Kan'ei (1624-1644). La zone surélevée (*jōdan*) devant le *tokonoma* et les étagères fixes, prévue pour les personnes de rang élevé, est un élément classique des salles d'audience officielles.

Rikyū (1522-1591) lui commanda un nouveau type de bol à thé conforme à ses idées esthétiques. La descendance de Raku resta active à Kyoto durant toute la période Edo, fabriquant ses bols moulés à la main et revêtus de vernis mat opaque, que l'on utilisait pour les cérémonies de style austère (*wabi*) popularisées par le maître Rikyū.

Bien que plusieurs des lignées d'artistes de la période d'Edo aient débuté leur activité sous le patronage des seigneurs féodaux de la période Momoyama, peu ont été aussi influentes et aussi durables que l'école de peintres Kano. Les chefs militaires de cette période de renforcement territorial étaient excessivement sensibles à la valeur des symboles de puissance et de richesse, publics et privés, et les peintres Kano ont réussi mieux que d'autres à donner une expression artistique à cette préoccupation. Kano Eitoku (1543-1590) et d'autres membres de cette école ont développé d'ambitieux programmes décoratifs pour le château d'Azuchi, appartenant à Nobunaga, puis pour ceux de Fushimi, Jūrakudai et Osaka, propriétés de Hideyoshi. En peignant sur les parois coulissantes qui servaient de cloisons entre les pièces, ils ont établi les normes décoratives pour les châteaux, les palais et les temples, valables pour les siècles à venir.

La fonction dictait le décor de chaque pièce. Les salles d'audience publique requéraient généralement des personnages de héros ou de sages, véritables exemples politiques, ou bien un décor de flore et de faune des quatre saisons, peints de couleurs vives sur des fonds somptueux dorés à la feuille. Pour créer une atmosphère esthétiquement et psychologiquement différente, des paysages plus contemplatifs, traités à l'encre et en couleurs légères, ornaient les appartements privés.

Les intérieurs de château présentaient maints éléments qui allaient devenir la règle pour l'architecture résidentielle de toutes les classes durant la période Edo : l'usage d'écrans coulissants de bois ou de papier (*fusuma*) pour diviser l'espace intérieur, des nattes de paille (*tatami*) pour recouvrir les sols, une alcôve décorative (*tokonoma*) et des étagères construites (*chigaidana*) pour exposer des peintures, des rouleaux calligraphiés et d'autres objets d'art (ill. 10). Toutefois, à la différence des châteaux, les palais, résidences et temples construits postérieurement dans le style *shoin* (« salle de lecture » ou « étude ») ont été des structures sur un seul niveau, souvent entourées de jardins soigneusement dessinés (ill. 11).

Dans la longue période de paix qui suivit l'établissement du pouvoir de Ieyasu et l'installation d'un système féodal centralisé dont le cœur se trouvait à Edo, la ville-forteresse perdit son rôle défensif, pour devenir le centre administratif et

11. Kawahara Keiga. *Peintre dans son atelier avec ses élèves* (1820), *(détail de la fig. 22, page 40)*. Feuillet d'album, encre et couleurs sur soie, 64,4 x 80,5 cm. Leyde, musée national d'Ethnologie.

Les portes coulissantes, entrouvertes, laissent apercevoir un petit jardin intérieur, dominé par un groupe de pierres et un arbre.

commercial de chaque domaine féodal. Cette évolution fut accélérée par un décret du shogunat, ordonnant la destruction de nombreux châteaux et limitant le nombre de villes-fortes à une par fief. L'aménagement de réseaux de chaussées et de voies d'eau reliant les villes restantes aux grandes métropoles de Kyoto, Osaka et Edo, en acheva la transformation. En encourageant les migrations urbaines et le trafic interrégional, ces voies contribuèrent à la croissance économique et géographique des villes et des cités dans l'ensemble du Japon.

LA CULTURE URBAINE

Malgré les efforts du shogunat pour maintenir des distinctions fondées sur le statut social, les goûts culturels des samurais, des artisans et des marchands n'étaient pas aussi différents qu'on l'estimait communément. L'augmentation des revenus, la multiplication des loisirs et l'élévation du niveau de culture permettaient à la plupart des citadins de se lancer dans des activités sociales et culturelles sur une échelle jusque-là inconnue. Parmi les nombreux passe-temps qui s'offraient à eux, le théâtre et les maisons de plaisir étaient de loin les plus populaires, mais il y avait aussi des fêtes, des concours de peinture et de poésie, et les cérémonies du thé (ill. 12), pour n'en citer que quelques-uns. Presque tous les citadins participaient régulièrement à l'une ou l'autre de ces activités, ce qui permet d'affirmer que les loisirs constituaient un élément-clef de la culture urbaine.

En théorie, l'éthique confucéenne adoptée par les autorités féodales tenait pour frivole la participation aux passe-temps dépourvus d'élévation morale ou de valeur didactique et le shogunat mettait périodiquement en garde le peuple sur son excès de complaisance envers la recherche des plaisirs. Des activités qui stimulaient l'imagination ou gratifiaient les appétits sexuels étaient considérées comme des menaces envers la stabilité sociale et, quoique tolérées, elles étaient contrôlées à divers degrés de sévérité, d'une administration à l'autre. Le pouvoir traitait les courtisanes et les acteurs comme des marginaux dont les activités requéraient une surveillance toute particulière. On tenait aussi les artistes associés à ces deux groupes comme potentiellement dangereux, et leurs œuvres étaient fréquemment censurées. Les activités de ces baladins itinérants et des artistes qui vivaient en dehors des grandes cités ou se déplaçaient de ville en ville étaient, de toute façon, difficiles à contrôler.

Les quartiers de plaisir et les théâtres kabuki voisins constituaient

12. Hishikawa Moronobu (v. 1618-1694) *Coulisses d'un théâtre kabuki* (détail de la fig. 7, page 20). Paire de paravents à six panneaux, encre, couleurs et poudre d'or sur papier, chaque paravent de 170 x 390 cm. Tokyo, Musée national.

Un moine prépare la cérémonie du thé en utilisant les ustensiles disposés sur une étagère, devant lui.

des centres essentiels d'activité artistique et des sources d'inspiration pour plusieurs artistes urbains. Si le quartier Yoshiwara d'Edo était le plus célèbre, chaque grande ville possédait un district «réservé» doté d'un nom propre et d'une identité spécifique. Un dicton populaire du XVIIIe siècle affirmait que les courtisanes du Shimabara de Kyoto étaient les plus belles, celles du Yoshiwara d'Edo les plus spirituelles et celles du Maruyama de Nagasaki les plus élégantes; quant au Shinmachi d'Osaka, il demeurait sans rival pour la splendeur de son cadre.

Les femmes des quartiers de plaisir allaient des hétaïres somptueusement parées et coiffées, connues sous le nom de *tayū*, extrêmement difficiles d'accès, aux humbles tapineuses condamnées au pire abattage nocturne. Un *obi* – bandeau noué sur le front – signalait les *tayū*. Ces courtisanes de haut vol étaient des figures idéalisées auxquelles on attribuait des qualités traditionnellement réservées à la noblesse héréditaire. On exigeait d'elles qu'elles fussent expérimentées en musique, poésie, peinture, calligraphie et autres arts (ill. 13). La maîtrise de la calligraphie était particulièrement importante, parce que l'échange de lettres jouait un rôle-clef dans les jeux codifiés de l'amour. Si les courtisanes à la mode étaient spécialement influentes pour imposer des standards de culture, d'élégance et de coiffure, les beautés extérieures aux

quartiers réservés pouvaient aussi acquérir une renommée passagère et inspirer des estampes célébrant leurs attraits.

Le quartier réservé n'était pas simplement le lieu des jouissances sexuelles, mais aussi le théâtre où l'expérience artistique et l'amour éphémère se combinaient comme des moyens de tromper le temps. Comme le suggère son surnom d'*ukiyo* («monde flottant»), c'était le domaine de l'imagination nourrissant l'esthétique du moment qui passe, du *carpe diem* savouré à sa juste valeur. Asai Ryōi (mort en 1691), dans ses *Contes du monde flottant* (*Ukiyo monogatari*, vers 1660), récit satirique des aventures picaresques d'un prêtre nommé Ukiyobō, caractérisait ce «monde flottant» comme «vivant uniquement dans l'instant, savourant la lune, les cerisiers en fleurs et les feuilles d'érable, chantant des chansons, buvant du saké et trouvant son délassement dans ce flottement, indifférent aux menaces de pauvreté imminente, insouciant et joyeux, comme une calebasse emportée au gré du courant». Au cours des décennies suivantes, le terme

13. Miyagawa Chōshun, *Courtisane peignant un paravent*, tiré des *Divertissements populaires à Edo*, 1716-36 (détail). Rouleau, encre et couleurs sur papier, 40 x 510 cm. Londres, British Museum.

La courtisane peintre est un thème populaire des estampes et des peintures d'Edo. Une jeune femme, habillée et coiffée à la mode, peint un paysage, aidée de ses servantes qui lui préparent l'encre et les pigments.

prit d'autres connotations, passant de l'idée de dernière mode à celle d'un érotisme teinté de danger. La fluidité des valeurs éphémères associées à l'*ukiyo* instaurait une menace pour la culture stable, hiérarchique et officielle prônée par le gouvernement.

Les artisans et marchands affluents (*chōnin*) se montraient particulièrement attirés par les valeurs esthétiques de l'*ukiyo*, qui représentaient pour eux une réponse stratégique à leur exclusion du pouvoir politique. Leurs modèles culturels étaient les dandys libertins, parfaitement informés des lois du monde et du cœur, connus dans l'univers de Kyoto-Osaka sous le nom de *sui*, à Edin sous celui de *tsū*. Les deux termes célèbrent le badinage amoureux comme une forme d'art, *sui* insistant sur la maîtrise des arts classiques, tandis que *tsū* met l'accent sur l'art de bien vivre.

En affirmant leur identité par la parure et la consommation de biens luxueux, souvent par défi envers les lois somptuaires, les *chōnin* revendiquaient pour eux l'autorité culturelle. On leur interdisait de porter de la soie, mais cela ne les empêchait pas d'arborer des habits faits d'une autre matière tout aussi coûteuse ou de porter des sous-vêtements parfaitement luxueux. Le contournement des lois par ce genre de dissimulation ostentatoire était le grand «chic» de la mode urbaine (cf. ill. 56, page 91).

14. Robe de dessus (*uchikake*), décorée d'un courant bordé d'iris, première moitié du XIXe siècle. Teinture dans la masse, teinture au pinceau et broderie de fil de soie sur satin blanc, 170 x 120 cm.
Tokyo, musée Kanebo des Textiles.

La décoration de cette robe est influencée par un dessin Ripa. Le motif des iris au bord d'un cours d'eau sinueux fait allusion à un épisode célèbre des *Contes d'Ise*.

Hommes et femmes adoptaient le *kosode* (« robe à petites manches», par référence à l'étroitesse des poignets), vêtement attaché par une ceinture et ancêtre du moderne *kimono*. Le *kosode* avait d'abord été simple sous-vêtement porté par les gens du peuple, mais sa coupe et sa structure n'ont guère changé au long de la période Edo; en revanche, l'évolution des modes et des goûts individuels s'est exprimée par le choix des tissus, de leur décoration et de leur couleur. À quelques exceptions près, les hommes revêtaient des robes aux couleurs moins éclatantes que celles des femmes. Les motifs apotropaïques ou saisonniers étaient associés aux thèmes littéraires : pins, bambous, fleurs de pruniers et grues, mais aussi vues de sites fameux; certains tissus se paraient de grands motifs picturaux hardiment traités, voire d'astuces visuelles ou verbales (ill. 14). On choisissait en consultant des catalogues imprimés proposant les motifs der-

nier cri. Publiées d'abord à Kyoto, Osaka et Edo, ces brochures illustrées étaient fort appréciées des hommes et des femmes qui ne pouvaient s'offrir les articles qu'elles proposaient.

La mode donnant la mesure du statut et du goût, les riches marchands dépensaient des sommes colossales pour leurs vêtements. Au XVIIIe siècle, cette consommation ostentatoire prit occasionnellement la forme de concours de mode entre les épouses des marchands rivaux, dans une même ville, voire entre villes différentes. Si ce genre de spectacle faisait les délices de la population, le gouvernement shogunal ne les voyait pas du même œil : un marchand d'Edo se vit bannir, avec confiscation de ses biens, en raison de ses dépenses apparemment extravagantes dues à une rivalité de ce type entre son épouse et celle d'un marchand concurrent de Kyoto.

Le souci de la mode ne s'arrêtait pas aux vêtements féminins. Les hommes affichaient leurs goûts dans le choix des accessoires personnels comme l'*inrō*, petite boîte exquisement ouvragée, destinée primitivement à contenir quelque remède. En l'absence de poche, l'*inrō* accroché à la ceinture servait à renfermer de menus objets personnels (ill. 15). La matière, la forme et le style des *inrō* variaient selon la saison, l'occasion et le goût personnel, mais ils étaient généralement faits de laque, parfois incrustée de matières précieuses. Les riches et les puissants en possédant normalement plusieurs, chaque grand centre urbain avait plusieurs ateliers spécialisés dans la production des laques.

15. Ōgawa Haritsu (Ritsuō), (1663-1747) *Inrō* à l'éléphant. Quatre compartiments, laque, motif repoussé en relief avec incrustations, 10,3 x 12,9 x 3,8 cm. Ancienne collection Greenfield.

L'énorme éléphant qui orne cet *inrō* de grande taille a été travaillé en laque repoussée, avec des incrustations de céramique polychrome, selon une technique qui était la spécialité de ce laqueur d'Edo. La combinaison originale de matériaux et le sujet inhabituel sont typiques de cet artiste. On a suggéré que cet *inrō*, en raison de sa taille inaccoutumée, aurait été fait pour un lutteur sumo.

16. Utagawa Kunisada
(1786-1865)
L'Heure du singe,
1816-1817. Estampe
à la planche de bois,
de format *ōban*.
Collection privée.

L'acteur Iwai Hashirō V
était un *onnagata*
renommé pour son
interprétation des rôles
de femme, dont il gardait
les habits dans sa vie
quotidienne. Kunisada l'a
représenté les bras levés,
en train d'arranger ses
cheveux, dans la posture
gracieuse fréquente dans
les représentations de
courtisanes.

Il ne suffisait pas de le vouloir pour accéder au domaine de la consommation de luxe, dont les courtisanes et la «haute couture» étaient les emblèmes les plus visibles. Les beaux vêtements et la fréquentation nocturne des quartiers de plaisir coûtaient fort cher; aussi fallait-il souvent se contenter des plaisirs par procuration que représentaient les tableaux, les estampes et les livres. Ces divertissements avaient en outre l'avantage d'éviter certaines réalités sordides des quartiers réservés, en exaltant leur image de domaine utopique, exclusivement peuplé de beautés élégantes et sensuelles.

Comme les quartiers de plaisir, les théâtres kabuki étaient régulièrement fermés par le gouvernement, avec seulement quatre établissements autorisés pour chacune des trois villes de Kyoto, Edo et Osaka. Ceux de Kyoto et d'Osaka étaient spécialement connus pour leurs drames domestiques, alors que ceux d'Edo se cantonnaient dans les pièces racontant les exploits des guerriers. Certains acteurs étaient particulièrement polyvalents, mais la plupart d'entre eux se spécialisaient dans certains types de rôle : masculins ou féminins, bons ou méchants, fantômes, etc. Les représentations attiraient un vaste public d'hommes et de femmes mêlés. Comme les *fans* actuels des vedettes de cinéma, ceux du kabuki se passionnaient autant pour la vie privée de leurs acteurs favoris que pour la pièce qu'ils jouaient : peintres et auteurs d'estampes fournissaient les moyens d'entretenir cette curiosité de voyeur (ill. 16).

L'origine du kabuki est traditionnellement fixée à 1603, date à laquelle une ancienne danseuse shinto (et prostituée) nommée Okuni remporta un grand succès avec la troupe qu'elle avait formée pour jouer à Shikojawara, sur la berge du Kamo, à Kyoto. Le succès de ses danses et de ses mimes, souvent représentés en costumes exotiques qui plaisaient à l'élite, amena bien vite les courtisanes de Kyoto à l'imiter, mais il en résulta de tels désordres publics et de tels excès sexuels que les autorités interdirent toute présence féminine sur scène. Cette prohibition, promulguée vers 1629, détermina la création des *onnagata*, acteurs masculins spécialisés dans les rôles de femme.

Pour mieux assimiler les particularités du comportement féminin qu'ils devaient représenter sur scène, plusieurs *onnagata* vivaient et s'habillaient en femmes, à la ville comme au théâtre (ill. 16). Certains remportaient tant de succès que les femmes modelaient à leur tour leur comportement et leur habillement sur ceux de ces acteurs spécialisés : ce renversement parfait des rôles, au cœur même de la séduction du kabuki, contribua, avec d'autres facteurs, à attirer l'attention sévère des autorités. Elles ne réussirent jamais à séparer les liens profonds entre le théâtre et le sexe; les liaisons – homosexuelles et hétérosexuelles – entre acteurs et *fans* étaient monnaie courante. Le Japon des Tokugawa est souvent décrit comme une société

17. Katsushika Hokusai
(1760-1849)
*Le Fantôme de la Maison
aux assiettes* (*Sara
yashiki*), tiré de la série
Cent contes de fantôme,
v. 1830. Estampe à la
planche de bois, de
format *chūban*.
Bruxelles, musées royaux
d'Art et d'Histoire.

Jetée dans un puits par
son maître pour avoir
cassé des assiettes, la
servante Okiku
réapparaît sous forme de
fantôme, ses longs
cheveux enserrant une
série d'assiettes, hors d'un
puits à margelle de bois.

essentiellement séculière, mais les institutions religieuses y ont marqué de leur empreinte la culture urbaine, de plusieurs façons. Ni le rationalisme prôné par Confucius, ni les séductions du théâtre et des quartiers réservés n'effacèrent entièrement la puissance de la religion et il serait erroné d'affirmer – comme on le fait encore trop souvent – que les artistes des villes parlaient un langage exclusivement profane. Presque tous les peintres professionnels exécutaient des commandes d'images de dévotion ; beaucoup exprimaient aussi dans leur art leurs convictions personnelles. Kyoto possédait un très grand nombre de temples affiliés au bouddhisme zen, forme de sagesse qui met l'accent sur le regard intérieur et la méditation. Ainsi, dans la capitale impériale, les valeurs esthétiques et les traditions picturales associées au bouddhisme zen étaient très influentes. Au XIXe siècle, l'étonnante popularité des images célébrant le bizarre et le fantomatique suggère, en revanche, une perte d'influence des religions traditionnelles au profit de croyances et de pratiques populaires (ill. 17).

Depuis l'arrivée du bouddhisme au Japon, vers le VIe siècle, les idéaux de cette religion avaient tellement pénétré la culture japonaise qu'ils en étaient devenus quelquefois implicites. Le bouddhisme offrait, en effet, non seulement la promesse du salut final, mais aussi une vue du monde que sous-tendait un certain nombre de valeurs et de pratiques bien ancrées. Par exemple, rien n'est plus fondamental au développement de la culture Edo que la conviction de l'impermanence des phénomènes. Le souci de l'éphémère, dans la nature comme dans les affaires humaines, explique le plaisir des voyages et le goût prononcé pour les images de saison et de passage, dans la littérature, le théâtre et les arts visuels de cette période. Une conscience suraiguë de la brièveté de la vie humaine et de ses plaisirs explique aussi pourquoi les quartiers réservés étaient désignés par l'appellation poétique de « monde flottant ».

À la différence de leurs homologues européennes, les villes japonaises n'avaient pas une seule institution religieuse dominante. On y trouvait, au contraire, une multitude de temples bouddhistes et de sanctuaires shintoïstes, souvent aménagés à proximité les uns des autres, dans la ville ou sa périphérie. Ils jouaient plusieurs rôles dans la vie des individus, des familles et des communautés. Le cycle des rites annuels assurait stabilité et confiance. On faisait appel aux divinités dans de multiples circonstances de la vie quotidienne : naissances, maladies, réussite des affaires ou des entreprises amoureuses, prévention du feu ou des voleurs, etc. Les sanctuaires assuraient les rites de passage, les cérémonies funèbres et de souvenir ; plusieurs d'entre eux entretenaient aussi des écoles pour le menu peuple. Être affilié à l'une de ces institutions ou simplement vivre à proximité renforçait le sens de l'identité locale, voire régionale si cette institution était intégrée à un réseau plus vaste.

Les résidences du shogun, des daimyos et des samurais de haut rang étaient souvent entourées de coûteux jardins, mais les espaces ouverts au public étaient peu nombreux. Beaucoup de temples et de sanctuaires avaient de substantielles propriétés où un grand nombre de gens pouvaient se rassembler pour les fêtes et les rites saisonniers. Ces événements s'accompagnaient de présentation d'images religieuses, de représentations dramatiques, de combats de sumos et d'autres spectacles qui attiraient participants et spectateurs venus de la ville et des alentours (ill. 18). Les espaces libres sur les berges des rivières – le Kamo à Kyoto, la Sumida à Edo, le Yodo à Osaka – étaient aussi des lieux populaires, où l'on montrait parfois des animaux exotiques, des curiosités pseudo-scientifiques et des merveilles artistiques venues de l'étranger, offrant ainsi au public les séductions du monde extérieur.

La participation à ce genre d'activités jouait un rôle important dans la vie professionnelle de nombreux artistes. Le peintre Ike Taiga (1723-1776) finançait ses voyages en donnant des démonstra-

18. Sumiyoshi Hiromori (1705-1777)
Courses de chevaux au sanctuaire de Kamo (détail). Rouleau à main, encre et couleurs sur papier, 34 x 360 cm. New York, fondation Mary and Jackson Burke.

Ce rite annuel de Kyoto faisait s'affronter vingt cavaliers en costume de cour. Il faisait partie d'un cycle annuel de cérémonies et de fêtes que les peintres des écoles Tosa et Sumiyoshi ont souvent représentées.

19. Ike Taiga (1723-1776)
Orchidée et rocher.
Rouleau vertical, encre
sur soie, 45,7 x 510 cm.
États-Unis, collection
Sanso.

L'orchidée en fleur est un
vieux sujet traditionnel de
la peinture chinoise,
emblème de beauté et de
noblesse face à l'adversité.
L'interprétation que
donne Taiga est
inhabituelle, car il a
«peint» uniquement avec
ses doigts mouillés d'encre.
L'inscription en sept
caractères – «Les fleurs
d'orchidée portées par une
personne élégante
dégagent un parfum
suprême» – est une
citation partielle d'un
poème chinois,
accompagnant une
illustration dans le manuel
de peinture chinoise connu
au Japon sous le nom de
Hasshu gafu.

tions de peinture avec les doigts (ill. 19), tandis que son contemporain Maruyama Ōkyo commença sa carrière comme peintre de perspectives (*meganee*) utilisées dans une sorte de stéréoscope de foire. Katsushika Hokusai (1760-1849) entretenait sa réputation en donnant des démonstrations publiques de peinture, devant des assistances médusées.

Outre ces occasions de réjouissance publiques, le peuple des villes pouvait participer à différents passe-temps culturels plus calmes et plus intimes. Ces derniers contribuaient tout particulièrement à renforcer le sentiment d'identité de groupes, dépassant les clivages de classe tout en maintenant certains critères d'appartenance exclusive. Nombreux étaient les salons informels réunis autour d'un personnage charismatique, mais aussi les clubs bien organisés requérant le versement de cotisations régulières. Les clubs de poésie, spécialement ceux dont les membres composaient des *haikai* (brèves pièces en trois parties, habituellement composées de dix-sept syllabes) ou des *kyōka* (littéralement «vers fous»), sous la conduite d'un maître, étaient populaires dans les villes et les villages de tout le pays. Imprimés à la planche de bois, quelques-uns des livres et des rouleaux de Nouvel An (*surimono*) les plus somptueux ont été publiés sous les auspices de ce genre de groupes. Populaires aussi, les réunions de peinture et de calligraphie, au cours desquelles des amateurs venaient recevoir les conseils de professionnels ou travailler avec eux sur une grande composition (ill. 20). Les œuvres créées dans ce genre de réunion étaient considérées comme la prolongation du dialogue entre amis. Temples et sanctuaires servaient parfois de cadre à ces assemblées, mais on leur préférait généralement les maisons de thé

20. Kawanabe Kyōsai (1831-1889) *Réunion de peinture*, 1881. Rouleau vertical, encre et couleurs légères sur papier, 230 x 100 cm. États-Unis, Tiger Collection.

Pinceau à la main, deux artistes entourés de confrères peintres et calligraphes se préparent à peindre. Dans le fond, exposition de rouleaux achevés.

du quartier réservé (ou situées à proximité), qui devinrent rapidement les lieux de rendez-vous des élites littéraires et artistiques, dans chaque cité, en raison de l'atmosphère de détente et de liberté que l'on y respirait.

La cérémonie du thé – *chanoyu* – véhicule important pour la transmission des valeurs culturelles, en Chine comme au Japon, était fort appréciée dans plusieurs centres urbains, mais surtout à Kyoto et Osaka. On y assistait de préférence chez ceux qui avaient les moyens d'acquérir les multiples ustensiles de céramique et de laque requis pour préparer et servir dans les règles le thé vert. Le style le plus intime de *chanoyu* exigeait de petits intérieurs sobrement aménagés, où les visiteurs étaient priés de se débarrasser de leurs épées, puis de ramper par un étroit passage, symbole du refus du monde extérieur. L'architecture et le décor intérieur des salons de thé obéissaient à une esthétique de la nature, subtilement remodelée par l'intervention de l'homme.

Au début du XVIIIᵉ siècle, l'admiration croissante pour la culture et les coutumes chinoises entraîna un certain déclin du *chanoyu*, au bénéfice de réunions au cours desquelles on servait le *sencha* (thé épicé), préparé dans une petite théière et servi dans de petites coupes individuelles. La consommation du *sencha*, originaire de Chine, était compatible avec des réunions moins formelles qui plaisaient au libéralisme intellectuel des classes cultivées. Elle contribua également à relancer la production de céramiques, à Kyoto et ailleurs.

Mais le divertissement universellement apprécié et pratiqué, tous âges, tous sexes et toutes classes confondus, était la lecture. La demande croissante de livres entraîna une grande expansion de l'édition, au XVIIᵉ siècle. Avant 1590, les temples bouddhiques détenaient un quasi monopole sur l'impression ; la plupart des ouvrages qu'ils éditaient étaient de nature religieuse. Mais au cours du siècle suivant, on imprima plus de dix mille œuvres. Cela allait des classiques illustrés de la littérature japonaise – *Contes d'Ise* (milieu du Xᵉ siècle), *Conte de Genji* (début du XIᵉ siècle), romans contemporains écrits dans un syllabaire simplifié (*kana*) – à des traités de botanique et des manuels de maintien pour les femmes. L'édition était dominée par les maisons de Kyoto, Edo et Osaka, mais il existait de nombreuses petites firmes à Nagoya et Nagasaki. Pendant quelque temps, au début du XVIIᵉ siècle, on utilisa les caractères mobiles, technique introduite au Japon *via* la Corée (et simultanément par les missionnaires portugais), mais cette mode déboucha vite sur l'impression à la planche de bois, moins coûteuse, qui prit l'avantage. Comme beaucoup de publications étaient illustrées, la demande de sujets et de styles différents s'amplifia et les éditeurs offrirent du travail à beaucoup d'artistes. Aux XVIIIᵉ et XIXᵉ siècles, les représentants de presque toutes les écoles cherchèrent à étendre leur influence en publiant des manuels d'instructions fournissant aux amateurs ou aux professionnels débutants des modèles, des motifs et des techniques de pinceau (ill. 21). La diffusion de ces manuels et autres livres de peinture par les colporteurs, les bibliothèques de prêt et les écoles permit aux aspirants-peintres et aux artisans d'accéder aux sujets et aux styles des grandes villes, même dans les villages les plus reculés de la contrée.

21. Wang Gai (n.d.). Paysage au format d'éventail rond, tiré du *Manuel de peinture du jardin des moutardiers* (*Kaishien gaden*), 1753. Livre imprimé à la planche de bois, 28,4 x 18 cm. Santa Monica (Cal.), collection Ravitz.

Cette édition japonaise d'un manuel de peinture chinois du XVIIe siècle très populaire (*Jieziyuan huazhuan*) a été l'un des premiers livres japonais imprimés à la planche de bois polychrome. Il a eu une profonde influence sur de nombreux artistes de la période Edo, surtout ceux de l'école des Lettrés.

L'ARTISTE DES VILLES

Malgré la persistance d'une tradition d'artistes renonçant à la société pour mieux se consacrer à leur art, la plupart des créateurs de la période Edo n'ont été ni isolés ni solitaires. Les échanges artistiques et intellectuels entre les écoles étaient fréquents ; la peinture et la calligraphie, comme la poésie, fonctionnaient souvent comme une sorte de dialogue renforçant le sentiment de l'identité de groupe parmi les participants.

La plupart des artistes vivaient dans les villes, regroupés dans certains districts où les clients potentiels, munis des guides de la cité – publiés en grand nombre tout au long de la période Edo – pouvaient facilement les retrouver. S'il existait bien des distinctions sociales, il n'y avait pas de différence bien nette entre « artisans » et « artistes », entre « arts décoratifs » et « beaux-arts », à l'inverse de ce qui se passait dans l'Europe de la Renaissance. La calligraphie et la peinture étaient sœurs et les artistes qui s'y consacraient utilisaient les mêmes outils, matériaux et techniques ; ils étaient les plus estimés, en raison de leur capacité à saisir l'« esprit » ou l'« essence » des

22. Kawahara Keiga
Peintre dans son atelier,
avec deux élèves, v. 1820.
Feuillet d'album,
encre et couleurs sur soie,
64,4 x 80,5 cm.
Leyde, musée national
d'Ethnologie.

Un peintre donne une
leçon à deux élèves
samurais, dans un atelier
luxueusement aménagé.
Keiga a peint cette image
idéalisée de l'artiste au
travail pour son protecteur
von Siebold, médecin du
comptoir hollandais de l'île
de Deshima, dans le port
de Nagasaki, de 1823 à
1829 (p.146).

choses, pour le traduire ensuite grâce au talent de leur pinceau (ill. 22).
Mais leurs activités ne se limitaient pas aux paravents et autres rouleaux. Beaucoup déployaient leurs talents pour décorer la céramique, fournir des sujets de laque, voire des motifs de tissus peints. Calligraphes et peintres travaillaient aussi à élaborer des estampes à la planche de bois et des livres illustrés. Les sculpteurs, appréciés aux époques antérieures en raison de leur habileté technique, étaient moins estimés que ceux qui maniaient le pinceau. D'un autre côté, les exigences du protocole officiel, des cadeaux rituels et de la cérémonie du thé, tous requérant de multiples ustensiles de céramique, de laque et de métal, assuraient aux artisans correspondants un respect et un statut dont ne jouissaient pas leurs homologues européens.

Dans le monde artistique de la période Edo, la division la plus importante était entre amateurs et professionnels – une distinction toutefois plus idéale que réelle. Le statut d'artiste amateur conférait un prestige spécial en raison de son association avec la notion de lettré (*wenren* en chinois, *bunjin* en japonais). Dans la mesure où l'on reconnaissait une distinction entre artiste et artisan dans la culture Edo, elle se fondait sur la conviction que la personnalité raffinée d'un amateur s'imprégnait de son art avec une qualité particulière, que l'on ne retrouvait pas dans le travail stipendié d'un professionnel. Cette vision des choses a surtout prévalu après le XVIIIe siècle, en s'appliquant essentiellement à la peinture et à la calligraphie, mais elle a aussi influencé la création et l'appréciation d'autres formes d'art. Les bols et cuillères à thé Raku, que les connaisseurs raffinés présentaient de préférence à leurs amis pour la cérémonie du thé, étaient beaucoup plus appréciés que ceux qui sortaient des ateliers professionnels des potiers et des graveurs de bambou (ill. 23).

La plupart des artistes appartenaient à des groupes soudés par la parenté ou par des affinités artistiques. Les écoles Kano et Tosa, héréditaires, illustrent le premier cas de figure, les lettrés de l'école Rinpa, le second. L'appartenance à une lignée, une famille, une école ou une coterie reconnue était d'une extrême importance : les artistes qui prenaient ensuite leurs distances pour former des ateliers indépendants continuaient à être identifiés en relation avec le maître qui les avait formés. Certains artistes allaient jusqu'à tricher sur leur «pedigree» pour mieux se mettre en valeur. Dans les milieux urbains, ceux qui se trouvaient dépourvus de ce genre d'affiliation étaient rares et considérés comme des excentriques ou des originaux – connotations qui ne deviendront positives que vers la fin du XVIIIe siècle.

23. Hon'ami Kōetsu (1558-1637).
Bol à thé Raku noir, XVIIe siècle. haut. 8,7 cm. Tokyo, musée Gotoh.

Kōetsu était un passionné de *chanoyu* et un céramiste amateur, qui a façonné des bols à thé Raku pour son propre usage et pour en offrir à des amis. La poterie Raku, façonnée à la main, était une céramique de choix, car les potiers amateurs n'avaient généralement pas la compétence technique requise pour faire de la céramique au tour.

Les groupes les plus favorisés par leur importance et leur longévité artistique, comme l'école Kano, étaient des entreprises commerciales organisées sur des principes familiaux et dirigées par des maîtres qui combinaient le talent de l'artiste et l'habileté de l'homme d'affaires. Ces qualités étaient essentielles pour faire fonctionner un grand atelier avec de nombreux artisans, et assurer l'exécution des commandes artistiques de la façon la plus rationnelle possible. Dans ce type d'atelier, la succession se transmettait généralement de père en fils – sauf si ce dernier était jugé incapable, auquel cas un apprenti talentueux pouvait être adopté pour assurer la prospérité de l'affaire familiale. Cette structure familiale impliquait aussi un ensemble de procédures pour la création de filiales, dans la même cité ou ailleurs, donnant ainsi aux jeunes la possibilité de prendre leur essor tout en assurant la perpétuation et la diffusion du style de la maison. L'absence de séparation nette entre vie de famille et vie professionnelle suggère aussi que les femmes étaient actives dans de nombreux ateliers, même si leurs noms figurent rarement dans les généalogies artistiques. La transmission des sujets et des styles se faisait par le moyen de modèles picturaux et de manuels écrits, jalousement gardés à l'abri des regards rivaux. Kano Tan'yū (1602-1674), par exemple, conservait des copies des tableaux chinois et japonais que les clients lui présentaient pour expertise et authentification ; ils ont continué à

inspirer ses successeurs jusqu'à la fin de la période Edo. Certaines copies se présentaient sous la forme de petits croquis monochromes rapides, mais d'autres – surtout celles des peintures importées de Chine – ont été soigneusement exécutées en couleurs (ill. 24).

Quoique l'essentiel de la production artistique présente beaucoup de traits communs, la recherche de l'identité a été l'un des soucis constants chez les artistes et les patrons de la période Edo. Signatures et sceaux avaient été mis au point dès le XIVe siècle, pour identifier et authentifier les rouleaux peints ou calligraphiés ; on les utilisa désormais aussi pour les céramiques, les laques et autres supports. Dans plusieurs cas, cependant, leur présence indique seulement que l'œuvre en question a été faite dans l'atelier ou sous le contrôle de l'artiste dont elle porte le nom. Au Japon, à la différence de la Chine, les collectionneurs n'ajoutaient presque jamais leur sceau sur une peinture ou une calligraphie, en signe de propriété.

Les artistes venaient de toutes les classes de la société, mais en grande majorité de la classe artisanale ou *shokunin*. On voit sur les *Vues dans et autour de la capitale* que les artisans vivaient généralement dans des maisons de plain-pied, pourvues de terrasses, avec un endroit réservé, face à la rue, pour traiter les affaires, et des ateliers à l'arrière (ill. 25). Leurs résidences étaient regroupées selon leur spécialité. Le souvenir de ces particularités persiste aujourd'hui dans le nom des rues ou de certains districts, comme *Kamisuki-chō* (« Quartier de fabrication du papier »), *Kasaya-machi* (« Secteur des parasols ») ou *Nushi-machi* (« Secteur des laques »).

Même si les autorités Tokugawa reconnaissaient les *shokunin* comme une catégorie sociale clairement définie, il serait erroné de considérer cette division comme monolithique, tout comme pour les trois autres « classes » de la société. Il existait de fait une diversité et des clivages économiques et professionnels considérables à l'intérieur de chaque groupe. La mobilité interne et la perméabilité entre les classes étaient également limitées. Les fabricants d'éventails représentés dans les *Vues dans et autour de la capitale*, par exemple, sont probablement révélateurs d'une catégorie inférieure d'artistes connue sous l'appellation « peintres de secteur » (*machi eshi*). Leur production de base consistait en pièces prêtes à la vente, éventails, rouleaux et écrans déjà décorés en série selon un répertoire bien établi de sujets et de styles. Ce genre de marchandises était relativement bon marché, comparées aux œuvres réalisées sur commande ; elles attiraient les acheteurs aux moyens limités et les « touristes », dont le nombre grandit avec les facilités de déplacement au XIXe siècle. Toutefois, s'il avait du talent, même un peintre d'éventails de modeste origine pouvait atteindre une grande renommée, à l'exemple de Tawaraya Sōtatsu (mort en 1643) et d'Ike Taiga.

24. Kano Tan'yū (1602-1674). *Le Roi de l'Enfer*, copie d'une peinture attribuée à Lu Xinzhong, 1658. Encre et couleurs sur papier, haut. 42,6 cm. Cambridge (Mass.), Harvard University, Arthur M. Sackler Museum.

25. Anonyme. *Vues dans et autour de la capitale*, XVIIe siècle (détail). Paire de paravents à six panneaux, encre et couleurs sur or, chaque paravent de 1,63 x 3,42 m. Tokyo, Musée national.

Cette scène de rue de Kyoto illustre les activités artisanales typiques de la plupart des grandes villes. Les boutiques bordant une rue proposent des brocarts, des hardes ou les services des changeurs. Le coin tourné, on découvre des échoppes où se vendent des bols et des boîtes à nourriture en laque, des éventails, de grands mobiliers de laque et des souliers.

Un code moral du XVIIIᵉ siècle exhortait les artisans à vivre frugalement, en se dévouant assidûment à leur art, et à laisser les affaires financières aux marchands, mais la distinction entre les deux classes n'était pas toujours claire. La plupart des artisans commercialisaient eux-mêmes leur production ; quelques-uns seulement avaient des agents commerciaux leur assurant les commandes, la coordination de la production et la mercatique de l'ensemble. Ces services étaient spécifiquement importants dans le travail de l'édition, puisque l'éditeur devait coordonner les activités de l'artiste illustrateur, du graveur sur bois et de l'imprimeur, aussi bien que la promotion des ventes pour le livre ou l'estampe achevés.

Les marchands étaient impliqués dans le monde de l'art à plusieurs niveaux, se recoupant éventuellement. Nishimura Eijudō (actif dans les années 1780-1790) est typique de cette catégorie d'intermédiaires gagnant sa vie à publier et vendre les œuvres d'artistes locaux (ill. 26). Les passionnés du *chanoyu* se doublaient souvent d'agents commerciaux écoulant de la céramique importée ou nationale. Étant donné la haute estime dont on entourait la peinture et la calligraphie, la plupart des hommes et des femmes nés dans les riches familles de marchands étaient formés à ces arts dès leur plus jeune âge. Plus tard, les revers de fortune ou les goûts personnels pouvaient les amener à faire de ces passe-temps une activité professionnelle, comme ce fut le cas pour Ogata Kōrin (1658-1716) et son frère Kenzan (1663-1743). On rencontre aussi de puissants marchands, comme Kimura Kenkadō (1736-1802), d'Osaka, patronnant des peintres et des calligraphes dont il recevait, en retour, une instruction artistique. Même s'ils étaient commercialement impliqués dans le monde de l'art, ces gens-là se considéraient d'abord comme des artistes amateurs.

26. Utagawa Tokoyuni (1769-1825)
Vue de l'atelier d'éventails d'Eijudō. Triptyque d'estampes à la planche de bois, de format *ōban*. Tokyo, Musée national.

L'éditeur Nishimura Eijudō est assis au centre de son atelier bruissant d'activités ; il examine un éventail, entouré de jolies femmes, clientes et employées. Son nom, inscrit sur l'enseigne géante en forme d'éventail, au sommet de la composition, ainsi que sur la lampe de papier dans le coin inférieur gauche, sert à la fois d'identification et de publicité. L'artiste a aussi incorporé avec finesse une autre « publicité » : à droite de la boutique, une cliente examine un éventail imprimé, orné d'un portrait d'acteur de kabuki représenté dans le style pictural qui est propre à l'auteur.

La classe des samurais jouissait de multiples privilèges, étrangers à 90 % de la population. Eux seuls avaient le droit de porter deux épées, de revêtir certains types de tissu de soie et d'utiliser certaines variétés de bois pour édifier leurs résidences. Ils recevaient également des gratifications annuelles en argent et en nature. Le statut de samurai était héréditaire, mais dans le cours de la période Edo, nombre d'entre eux perdirent leurs biens par suite de l'inflation et des mutations économiques. Toutefois, quelles que fussent les circonstances, on attendait officiellement d'eux qu'ils fussent des parangons de vertu, de droiture et d'abnégation, expérimentés dans les arts de la guerre comme dans ceux de la paix – idéal que bien peu remplissaient, naturellement.

Après la réunification du pays, les capacités guerrières des samurais – maniement de l'épée, tir à l'arc et art équestre – ne furent déployées, désormais, que dans les jeux cérémoniels comme les concours de chasse ou lors des concours de tir tenus annuellement dans la salle Sanjūsangendō de Kyoto. Ce déclin des arts martiaux se fit au bénéfice de la peinture, de la calligraphie, de la poésie et des autres arts. Confrontés au « chômage » guerrier et à la diminution de leurs revenus, beaucoup de samurais tirèrent parti de leur formation artistique pour devenir des artistes professionnels, parfois même enseignant à leurs pairs ou aux *chōnin*. Dans certains cas, la fierté personnelle et l'idéal d'abnégation du samurai amenaient ces hommes à cacher ou refuser ce genre d'engagement professionnel.

La plupart des daimyos qui dirigeaient les quelque deux cents fiefs seigneuriaux qui se partageaient le pays montraient quelques talents de peintre ou de calligraphe, mais ils eurent généralement plus d'influence comme mécènes et comme patrons que comme praticiens. Leur soutien financier explique l'influence durable de l'école Kano, qui avait des sections dans tous les domaines artistiques, au point de passer parfois pour une sorte d'académie artistique nationale. Des daimyos protégeaient aussi les tisserands Nishijin de Kyoto, dont les métiers produisaient les somptueux costumes de brocart utilisés dans le théâtre nô, élément obligatoire de toutes les réceptions formelles données par le shogun et par les daimyos. Pour accroître leurs revenus et leur prestige culturel, certains daimyos jouèrent un rôle actif en promouvant la production d'objets de luxe sur leurs domaines (ill. 27).

On trouvait également des artistes dans les rangs de la noblesse héréditaire et dans ceux du clergé bouddhique et shintoïste, deux groupes partageant la même place élitaire que les samurais. Dès les premiers temps de la période Edo, la famille impériale et la Cour avaient déjà perdu une bonne partie de leur pouvoir économique et politique, mais leur autorité culturelle restait sans rivale. L'appauvrissement avait conduit plusieurs membres de la famille impériale à

27. Plat à motif de fleurs et de rocher, fin du XVIIᵉ ou début du XVIIIᵉ siècle. Céramique de Nabeshima, diam. 31 cm. Genève, collection Baur.

La céramique Nabeshima tire son nom du daimyo qui en a protégé et stimulé la production.

devenir maîtres de poésie et d'autres arts, pour les guerriers de haut rang et même pour les riches marchands. Cette évolution préfigurait une « professionnalisation » de l'amateurisme, qui allait devenir vitale pour l'identification personnelle de tant d'artistes.

La calligraphie était un domaine dans lequel la famille impériale et la Cour avaient traditionnellement excellé, puisque l'on considérait que la possession d'une belle écriture était une marque de caractère aristocratique ; plusieurs familles de calligraphes de la période Edo revendiquaient des fondateurs dans cette aristocratie impériale. La maîtrise de la calligraphie allait très souvent de pair avec la culture littéraire, spécialement dans les poèmes classiques de trente et une syllabes (*waka*) et dans les classiques en prose tels que le *Conte de Genji* ou les *Contes d'Ise*, composés par des membres de la noblesse de la période Heian (794-1185). Plusieurs des grands poètes et poétesses de cette époque lointaine avaient été admirés autant pour leur calligraphie que pour leurs vers, et les courtisans de Kyoto, qui se considéraient comme leurs héritiers, imitaient souvent leur style d'écriture (ill. 28).

L'influence artistique du clergé bouddhique fut moins importante au cours de la période Edo qu'elle ne l'avait été dans les temps antérieurs. Les moines-artistes attachés aux grands temples de Kyoto et de Kamakura, longtemps conseillers culturels de l'élite dirigeante, perdirent ce rôle lorsque les activités artistiques de toute sorte furent assumées par des professionnels. L'adoption du confucianisme comme idéologie officielle du shogunat Tokugawa contribua aussi à diminuer le statut artistique des moines, à l'exception, peut-être, d'émigrés chinois affiliés à la nouvelle secte *ōbaku* (cf. chapitre 2). Appelée à devenir l'une des trois principales sectes zen dans le Japon de la période Edo, la secte *ōbaku* eut une grande influence à Nagasaki, d'abord, puis dans tout le pays.

Remplacés par des savants confucéens comme maîtres des élites, certains moines se vouèrent à l'éducation populaire, dans les villes comme dans les provinces, contribuant ainsi de façon importante à la diminution de l'illettrisme. D'autres, dégoûtés des distractions profanes propres aux milieux urbains, choisirent une vie d'errance, ou de pieuse retraite dans quelque lointain temple de montagne, où ils pouvaient se consacrer entièrement à la méditation religieuse et à la pratique de leur art. Certains de ces moines développèrent ainsi de nouvelles formes d'expression picturale et sculpturale très personnelles, à la fois pour servir de guides didactiques et pour mieux exprimer leurs convictions et leurs aspirations religieuses.

La période Edo a connu une extraordinaire croissance des agglomérations, désormais peuplées d'un grand nombre d'habitants sachant lire et écrire. Jusqu'à la fin du XVIe siècle, le mécénat et la pratique des arts avaient été l'apanage des élites, mais l'urbanisation accéléra l'épanouissement de plusieurs formes d'expression artistique qui transcendaient le clivage des classes. La participation à ces activités, culturelles, tout en restant une affaire de vocation personnelle, devint aussi un moyen de prouver son autorité et sa valeur dans toutes les couches de la société.

Les artistes modelèrent les goûts esthétiques et les idéaux des citadins et s'en firent aussi l'écho, à la fois par leurs œuvres et par l'enseignement artistique. À l'image de leur clientèle, ils venaient de toutes les classes de la société, entretenant des relations personnelles et professionnelles extrêmement variées. Malgré l'importance attribuée à l'expression artistique individuelle, beaucoup se rattachaient à des associations fondées sur la parenté ou les affinités, qui leur assuraient la formation, l'amitié, la protection et la sécurité financière. Ce genre d'affiliations était essentiel pour l'identité artistique et la survie de chacun d'eux, dans un environnement urbain extrêmement compétitif. La dynamique de la vie artistique dans les quatre grandes villes, que nous allons aborder dans les chapitres suivants, a été modelée par la prolifération d'écoles, de coteries ou de lignées artistiques.

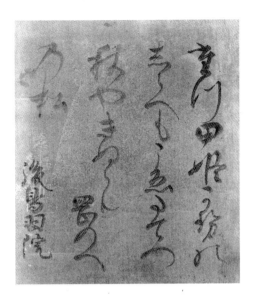

28. Konoe Nobutada (1565-1614).
Page tirée des *Poèmes des Trente-six Immortels de la poésie* (*Sanjūrokkasen*), début du XVIIe siècle.
Album, encre sur papier décoré d'or et d'argent, 21 x 19 cm.
Tokyo, Musée national.

Le courtisan Nobutada a été l'un des calligraphes les plus remarquables de son temps. Ce poème *waka* classique, de trente et une syllabes, écrit sur du papier décoré, est typique de son style.

CHAPITRE II

LES ARTISTES
DE KYOTO

29. Itō Jakuchū
(1716-1800).
Coq, poule et hortensias,
décennie 1750. Rouleau
vertical, encre et couleurs
sur soie, 139 x 85 cm.
Los Angeles County
Museum of Art.

Les poses, la précision
anatomique et le rendu
méticuleux des plumes
résultent de l'observation
minutieuse des sujets par
le peintre. Leur
disposition sophistiquée
dans un espace réduit,
défini par un feuillage et
des fleurs exubérants,
révèle l'influence des
peintures « oiseaux-et-
fleurs » de Nagasaki.

Cité impériale peuplée de nobles, de savants, de moines et d'artistes, Kyoto a connu une population beaucoup plus diverse que celle des autres grands centres urbains du Japon. La présence limitée des fonctionnaires du shogunat a donné à ses artistes une liberté culturelle plus grande qu'à leurs homologues d'Edo, leur permettant d'explorer et d'assimiler différents styles et techniques, qu'ils transformèrent de façon souvent très personnelle. Ce détail fit aussi de Kyoto un refuge pour les artistes talentueux, mais excentriques, venus d'autres régions, certains d'entre eux ayant été mis à l'écart par les autorités du shogunat et jouant dès lors la carte de la cour impériale. S'inspirant de traditions culturelles locales et étrangères, ces artistes développèrent des formes et des styles modelant et reflétant à la fois l'orgueil des citadins, qui savaient que leur raffinement dépassait celui des autres cités.

L'identité culturelle de Kyoto était étroitement mêlée à la production artisanale de luxe et ses artistes avaient le génie pour adapter leurs œuvres aux changements de goût. Vers le milieu du XVIIIᵉ siècle, toutefois, les visiteurs venus d'Edo ou d'Osaka décrivaient Kyoto comme démodée, proclamant que, si elle avait jadis dominé les autres cités, elle surpassait désormais à peine un centre provincial, embaumé dans les parfums surannés du passé. Le poids de la tradition était assurément plus grand à Kyoto qu'à Edo, mais il ne pesait pas aussi lourd que certains visiteurs le croyaient. En fait, beaucoup de développements artistiques intervenus à Edo avaient trouvé leur origine à Kyoto.

Ce sens de la différence de Kyoto reflétait sa place unique dans l'histoire de la nation. Depuis 794, Kyoto avait été la résidence de l'Empereur et de la noblesse de cour et, à l'exception d'une brève

30. Plan de Kyoto,
avec les principales
curiosités mentionnées
dans le texte.

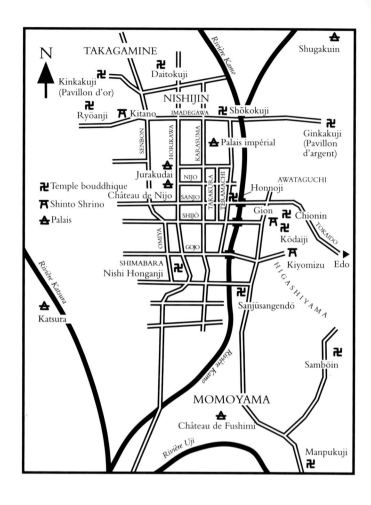

Les légendes présentes sur le plan : TAKAGAMINE, Shugakuin, Rivière Kamo, Kinkakuji (Pavillon d'or), Daitokuji, Ryōanji, Kitano, NISHIJIN, IMADEGAWA, Shōkokuji, SENBON, HORIKAWA, KARASUMA, Palais impérial, Ginkakuji (Pavillon d'argent), Jurakudai, NIJO, AWATAGUCHI, Temple bouddhique, Château de Nijo, SANJO, TAKAKURA, TERAMACHI, Honnoji, Shinto Shrino, SHIJŌ, Gion, Chionin, Palais, OMIYA, Kōdaiji, GOJO, TOKAIDO, SHIMABARA, Nishi Honganji, Kiyomizu, Edo, HIGASHIYAMA, Rivière Katsura, Sanjūsangendō, Katsura, Rivière Kamo, Sambōin, MOMOYAMA, Château de Fushimi, Rivière Uji, Manpukuji

éclipse entre 1185 et 1333, moment où le shogunat s'était installé à Kamakura, elle avait continuellement servi de capitale administrative, religieuse et culturelle. Cet héritage impérial se lit dans le plan de la cité. Lorsque Kyoto – ou Heiankyō (« Capitale de paix et de tranquillité ») – fut désignée comme capitale, en 794, la culture japonaise subissait une forte influence de la Chine. Le site avait été choisi selon les principes de la géomancie chinoise, technique de divination fondée sur les figures, les lignes et les particularités géographiques ; la ville, sise entre le Kamo à l'est et la Katsura à l'ouest, suivait le plan en damier, orienté nord-sud, propre à toutes les capitales chinoises (ill. 30). Une large avenue nord-sud, nommée Sujaku-ōji, partageait la cité en secteurs Est (Sakyō) et Ouest (Ukyō), et neuf avenues parallèles, numérotées à la file, couraient perpendiculairement à Sujaku-ōji ; à l'extrémité nord de celle-ci se trouvait la Grande

Enceinte, où se dressait le palais impérial, avec d'autres bâtiments cérémoniels. Sa présence définissait la cité.

Les vicissitudes de ce palais illustrent bien celles qui ont affecté la capitale dans son ensemble. Ravagé avec d'innombrables bâtiments durant les guerres d'Ōnin (1467-1477), le palais fut reconstruit et réaménagé lorsque Nobunaga et Hideyoshi, deux seigneurs de la guerre, prirent le contrôle de la ville. Il fut ensuite détruit et reconstruit plusieurs fois entre le XVIIᵉ et le XIXᵉ siècle, au gré des incendies qui ravageaient périodiquement la ville. La restauration de 1789 fut si cruellement endommagée par un tremblement de terre (1830) puis par un incendie (1854) que le palais dut être presque entièrement rebâti en 1855. C'est dans cet état que l'on voit encore aujourd'hui le bâtiment.

Si la présence de l'Empereur et de sa cour conféraient à la ville un prestige unique, sa prééminence culturelle et économique prit fin avec le début de la période Edo. La famille impériale dépendait largement des subsides versés par le shogunat et son mécénat aurait été impossible sans la bienveillance calculée de ce dernier, surtout dans les moments de vive tension entre les deux pouvoirs. L'épanouissement de tant de formes artistiques, vers le milieu du XVIIᵉ siècle, est directement attribuable à la stabilité politique et aux retombées financières qui suivirent le mariage, en 1620, entre l'empereur GoMizunoo (1596-1680 ; règne de 1611 à 1629) et la fille de Hidetada Tokugawa, Tofukumon'in (1697-1678).

Le château de Nijō, ainsi nommé en raison de sa situation sur Nijō (la « Deuxième avenue »), restait un symbole du pouvoir shogunal sur la ville et sur ses habitants : prévu pour servir de garnison, avec une tour à plusieurs étages (détruite depuis), il faisait office de résidence temporaire pour le shogun, durant ses rares visites à la cité impériale. Le palais Ninomaru a été édifié sur les terrains du château de Nijō en 1626, sur les ordres du shogun Iemitsu (1604-1651), pour une visite de l'empereur GoMizunoo (ill. 31).

Les villas impériales de Katsura et de Shūgakuin, deux magnifiques témoignages du goût aristocratique au XVIIᵉ siècle, doivent aussi leur existence aux largesses du shogun. Toutes deux sont situées dans les faubourgs de la cité : Katsura au sud-ouest, le long de la rivière du même nom, et Shūgakuin dans les collines qui forment le pied du mont Hiei, au nord-est. Le prince Toshihito (1579-1629), frère cadet de

31. Vue extérieure du palais Ninomaru, dans le château de Nijō, à Kyoto, vers 1626.

Comprenant une série de vastes salles d'audience et de pièces privées dans le style *shoin*, ce palais, avec son échelle imposante et son décor opulent, illustre la façon dont le cadre architectural était adapté aux besoins du contrôle social, selon une pratique officielle constante tout au long de la période Edo.

32. Villa impériale de Katsura, en style *shoin*, à Kyoto (v. 1640-1650).

Cette résidence impériale consiste en une suite de trois bâtiments modestes, disposés en échelon le long d'un bassin, et de plusieurs structures secondaires incluant quatre pavillons de thé, répartis de façon pittoresque dans un merveilleux jardin paysager.

l'empereur GoYōzei (1572-1617 ; règne de 1586 à 1611), avait d'abord prévu Katsura (ill. 32) pour les réunions « rustiques » de thé et de poésie, mais le bâtiment fut agrandi par son fils Noritada (1619-1662). Quant à Shūgakuin, elle a été édifiée dans les années 1660 et 1670 par le shogun Ietsuna Tokugawa (1641-1680), pour abriter la retraite de l'empereur GoMizunoo. La magnificence de ses jardins, dessinés pour tirer parti des multiples perspectives offertes par les collines et les montagnes des alentours, en faisait un cadre idéal pour les multiples activités culturelles de l'empereur retraité. GoMizunoo était un maître de l'art des bouquets (il en fit plusieurs expositions) et un passionné fervent du *chanoyu*.

On estimait à deux mille environ le nombre des temples et des sanctuaires de Kyoto, ce qui en faisait la plus grande concentration d'institutions religieuses de tout le pays. Les moines, spécialement ceux de la secte zen, formaient traditionnellement l'élite cultivée de Kyoto ; ils étaient les scribes, les conseillers, les poètes et les peintres de la classe dirigeante. Même si l'influence bouddhiste diminua quelque peu dans la période Edo, en raison du confucianisme officiel du shogunat, les temples zen de Kyoto restèrent influents dans les milieux culturels de la capitale impériale. Dans les années vingt et trente du XVIIe siècle, les moines cultivés de Daitokuji attiraient régulièrement un groupe de peintres, de poètes et d'amateurs de thé, de tous les horizons de la société. Nanzenji et Shōkokuji eurent leur heure de gloire, mais Manpukuji fut, aux XVIIIe et XIXe siècles, l'institution la plus influente (ill. 33).

Temple de la secte zen chinoise *huangbo* (en japonais, *ōbaku*), Manpukuji a été édifié au sud de Kyoto, en 1662, sur un terrain donné par le shogunat. Ce dernier protégeait la secte, non pas pour

33. Halle du Fondateur (Kaisandō), Manpukuji, Uji (v. 1675).

Le Manpukuji suit les modèles chinois pour le dispositif d'ensemble et les détails architecturaux. Les bords de toit très retroussés, décorés de dauphins aux angles, et les motifs de swastika (un ancien symbole bouddhique) sont associés à ce genre de prototype. Le Kaisandō est consacré à Yinyuan (en japonais, Ingen ; 1592-1673), le fondateur chinois du temple.

son enseignement religieux (qui se concentrait sur la possibilité de l'illumination soudaine et l'invocation d'Amida, le Bouddha du paradis occidental), mais parce que ses moines émigrés étaient fort versés dans les écrits confucéens, dont le shogunat avait grand besoin pour asseoir la nouvelle idéologie officielle. Pour les artistes de Kyoto, la succession des moines et des abbés de Manpukuji – peintres et calligraphes excellents pour un bon nombre d'entre eux – offrait des aperçus « grisants » sur les derniers développements culturels en Chine et en Extrême-Orient.

LES ÉCOLES KANO ET TOSA

La nomination de Kano Tan'yū comme peintre résident du shogun Tokugawa, en 1621, suivie de la division des écoles Kano et Tosa en deux branches chacune, l'une à Kyoto et l'autre à Edo, campa le décor de la dynamique culturelle qui allait animer les relations entre les deux villes, tout au long de la période Edo. La séparation matérielle renforça et institutionnalisa la tension créatrice qui existait depuis longtemps entre les valeurs esthétiques de la Chine et du Japon.

Les Kano étaient une lignée héréditaire d'artistes arrivée à son apogée au XVe siècle, sous le patronage des shoguns Ashikaga et des seigneurs de la guerre provinciaux. Ils avaient accédé à la gloire en adaptant habilement les sujets chinois – paysages, « oiseaux-et-fleurs » et scènes figurées – dans un style de lavis qui convenait admirablement aux besoins du décor intérieur, surtout pour les panneaux coulissants ou les paravents. À la fin du XVIe siècle, Eitoku continua de développer le style de sa famille, en y intégrant le goût croissant pour la richesse et la monumentalité ; il reçut des commandes prestigieuses pour les manoirs et les châteaux de Nobunaga et Hideyoshi. En élaborant un répertoire de thèmes et de styles qui accentuaient à la fois les aspirations de ses commanditaires et la fonction sociale de chaque pièce, Eitoku jeta les bases d'un art au service de l'idéologie dirigeante. Son héritage est évident dans le programme décoratif réalisé par son petit-fils Tan'yū pour la grande salle d'audience du palais de Ninomaru, ainsi que dans les œuvres de Kano Sansetsu (1590-1651 ; ill. 34). Toutefois, alors que les programmes d'Eitoku avaient exalté le spectacle de la gloire et du pouvoir personnels, ses héritiers de la période Edo reprirent, pour le compte de leurs protecteurs, les techniques de l'idéologie chinoise qui renforçait leur légitimité politique et la stabilité sociale de la nation.

Les peintres Kano restés à Kyoto continuèrent à recevoir des commissions sur place, mais ils durent aussi faire face à la compétition croissante d'autres artistes locaux qui adoptaient des styles plus novateurs, non associés au shogunat ; plusieurs se tournèrent alors vers l'écriture et l'enseignement. La première histoire de la peinture

japonaise, *Honchō gashi*, fut écrite par le fils de Sansetsu, Einō (1631-1697), et plusieurs grands peintres amateurs et professionnels de la ville, y compris Ogata Kōrin et Maruyama Ōkyo, reçurent leur formation initiale dans les ateliers Kano de Kyoto. Ceux-ci furent aussi le lieu de formation d'un grand nombre d'artistes talentueux connus collectivement sous le nom de *machi* Kano (littéralement « Kano de secteur »), dont les œuvres non signées abordent souvent les sujets contemporains (acteurs, danseuses et courtisanes) qui allaient devenir si populaires dans les peintures et les estampes de la période (ill. 35).

L'école Tosa était aussi une lignée héréditaire de peintres dont les membres avaient été protégés à la fois par les shoguns Ashikaga et par la famille impériale. Ils se sentaient sans doute plus proches de cette dernière, car leur langue picturale avait ses origines chez les artistes de la période Heian employés dans l'atelier impérial de peinture. Les peintres Tosa étaient considérés comme les maîtres des *Yamatoe*, littéralement « peintures du Japon » (Yamato étant le nom de l'ancien centre de la culture japonaise), caractérisées par des sujets figuratifs et des paysages japonais, peints de façon très stylisée en utilisant des pigments minéraux et de l'or. Les artistes Tosa

34. Kano Sansetsu (1590-1651)
Le Vieux Prunier, v. 1647.
Fusuma en quatre panneaux, encre, couleurs et or sur papier, 170 x 480 cm.
New York, Metropolitan Museum of Art.

Ces *fusuma* se trouvaient jadis dans les appartements de l'abbé du Tenshōin, temple secondaire du Myōshinji, à Kyoto. Le prunier noueux, et les rochers déchiquetés, peints à coups de pinceau vigoureux sur un fond doré à la feuille, reflètent l'influence d'Eitoku. La géométrie distordue des formes est, toutefois, la marque du style personnel de Sansetsu.

35. Anonyme.
Courtisane recevant une lettre d'amour, second quart du XVIIᵉ siècle. Paravent pliant en deux panneaux, encre et couleur sur papier, 140 x 150 cm.
Princeton University, Art Museum.

Une courtisane, habillée et coiffée dans le style extravagant de l'ère Kanei (1624-1643), reçoit la visite d'un jeune admirateur apportant un message. La sensualité langoureuse et l'attention aux détails de l'espace intérieur sont caractéristiques de l'œuvre des peintres Kano actifs à Kyoto au XVIIᵉ siècle.

étaient surtout connus pour leurs illustrations du *Conte de Genji* et autres classiques de cour, au format intime de rouleau ou d'album (ill. 36). La branche d'Edo de l'école Tosa, dont les membres adoptèrent le nom de Sumiyoshi, d'après une lignée de peintres de la période Kamakura, continuèrent de peindre dans leur façon traditionnelle (ill. 18).

Comme les sujets et les styles chinois renforçaient l'idéologie Tokugawa, les peintres officiels Kano étaient généralement chargés de peindre les paravents et les rouleaux accrochés dans les salles d'audience officielle et autres espaces publics où l'assistance masculine se rassemblait, dans les résidences des daimyos et du shogun. En revanche, l'esthétique courtoise des peintres Tosa et Sumiyoshi paraissait plus appropriée pour les pièces privées occupées par les femmes et les enfants, et pour les albums et les rouleaux de format réduit, qui figuraient souvent dans les dots. Au reste, le pluralisme stylistique était considérable parmi les membres des deux écoles.

Les artistes qui restèrent à Kyoto après 1683, lorsque le shogunat nomma les membres de la branche Sumiyoshi comme peintres officiels, furent d'abord influents comme antiquaires, grands amateurs et professeurs. Kano Einō et Tosa Mitsusuke (1675-1710), par exemple, formèrent Nishikawa Sukenobu, peintre et illustrateur de livres, célèbre pour ses portraits des beautés de Kyoto (ill. 1). Mais les sujets

36. Tosa Mitsunori
(1583-1638)
Illustration du chapitre
vingt du *Conte de Genji*.
Album, encre et or
sur papier, 13,7 x 15 cm.
New York, collection
Mary et Jackson Burke.

En adoptant une
perspective aérienne,
grâce au procédé de
l'enlèvement fictif du toit,
l'artiste permet au
spectateur de plonger
directement dans
l'intérieur des pièces,
où quatre dames de la
cour sont occupées à lire
et à écrire. Cet album est
peint avec une technique
de contour appelée
hakubyō (« dessin
blanc »), sur un fond d'or.

et les styles des artistes Tosa fournirent aussi l'inspiration à d'autres
artistes de Kyoto, plus créatifs, qui élaboraient des œuvres conformes
au goût de la bourgeoisie montante, de plus en plus nombreuse et
exigeante.

LES STYLES KŌETSU, SŌTATSU ET RINPA

Les troubles civils avaient contraint beaucoup d'artistes à fuir Kyoto
pour Nara et Sakai, au XVIe siècle. Leur retour, consécutif à l'établissement du pouvoir de Hideyoshi, donna le coup d'envoi d'un renouveau artistique dont les échos allaient se faire sentir dans tout le pays
pendant plus d'un siècle. À une époque où d'autres cités se remet-
taient à peine de longues décennies de conflit, Kyoto fut la seule à
pouvoir satisfaire la demande en marchandises de luxe. C'est durant
cette période que le mot *kamigata*, désignant la région de Kyoto-
Osaka, devint synonyme d'articles de qualité incomparable, expri-
mant une esthétique de cour raffinée dont les artistes de Kyoto
croyaient bien être les seuls héritiers.

La renaissance de Kyoto n'a pas été l'affaire des peintres officiels
des lignées Kano et Tosa, mais plutôt celle d'un groupe spécialisé

dans la production d'articles tels qu'éventails, laques, tissus et céramiques, qui plaisaient aux riches citadins de Kyoto. Ces artistes tiraient leur inspiration de la tradition de la poésie, de la calligraphie et de la peinture de cour, que les habitants de la ville considéraient comme leur patrimoine spécifique. Ils avaient eu accès à cette tradition par l'entremise de courtisans dédorés, qui n'avaient pas craint de partager avec eux le secret de leurs connaissances culturelles jusquelà jalousement réservées à l'élite.

Hon'ami Kōetsu (1558-1637) et Tawaraya Sōtatsu (mort en 1643) ont été les chevilles ouvrières de ce processus de « démocratisation » culturelle. Sans nier leur dette envers le langage des artistes Tosa, ils tirèrent aussi leur inspiration de la peinture et de la calligraphie de la période Heian, auxquelles leur affiliation religieuse et leurs mécènes de cour leur donnaient accès. Kōetsu et ses associés étaient particulièrement liés au Nishi Honganji, l'un des grands temples de la secte bouddhiste du Jōdo Shinshū (le « Vrai Pays Pur »). Situé sur la Sixième Avenue, dans la partie basse de la ville, ce sanctuaire eut une puissante influence culturelle et religieuse dans la Kyoto du XVIIᵉ siècle.

Illustrations de livre et calligraphie furent les premiers domaines sur lesquels les deux artistes laissèrent leur empreinte. On pense que leur collaboration date d'avant 1615, date à laquelle Kōetsu, avec plusieurs artistes amis, s'installa sur le mont Takagamine, au nord-ouest de la ville. L'une de leurs plus décisives entreprises communes fut une série de publications nommées d'après le village de Saga, au nord-ouest de Kyoto, où était installée leur imprimerie. Avec le soutien financier et les conseils techniques d'un membre d'une puissante famille de marchands de Kyoto, les « Presses Saga » produisirent des

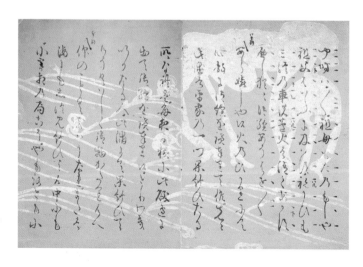

37. Tawaraya Sōtatsu
(mort en 1643).
Double page du texte nô
Michinori, avant 1615.
Livre, encre et mica
imprimés sur papier teinté,
18 x 24 cm.
New York Public Library.

tirages limités de prose et de poésie, des textes nô, mais aussi des œuvres historiques et littéraires chinoises, qui aidaient à satisfaire l'appétit de connaissances autrefois secrètes. On pense que Kōetsu fournit les modèles de calligraphie, Sōtatsu et son atelier les motifs imprimés au mica sur les reliures (ill. 37). Les rouleaux de poésie auxquels les deux maîtres collaborèrent durant cette période offrent des motifs similaires de grues volantes, de feuilles d'ifs, de daims et de silhouettes de pins. Malgré cet air de famille incontestable, livres et rouleaux restaient des œuvres individualisées, mais riches de possibilités de duplication.

Kōetsu appartenait à une famille d'experts en armes blanches, profession héréditaire de spécialistes capables d'authentifier et de réparer les épées. Sa familiarité avec les techniques de réparation de la laque, du métal et de la nacre, toutes matières employées pour les poignées et les gardes d'épée, l'incita sans doute à se lancer dans le domaine des laques, où il introduisit des formes, des matières et des

38. Hon'ami Kōetsu (1558-1637).
Boîte à encrier, début du XVIIe siècle. Laque, partiellement recouverte de plomb et d'argent, 24 x 23 x 12 cm.
Tokyo, Musée national.

Cette boîte à nécessaire d'écriture possède un couvercle bombé, coupé d'une bande de plomb sur laquelle se détachent les caractères d'un poème réalisés en argent. L'objet résume bien la sensibilité aux matières et l'union du mot et de l'image qui sont caractéristiques de l'art Rinpa.

motifs picturaux d'une étonnante nouveauté. Il appliqua d'abord ses innovations techniques à des écritoires, précieux emblèmes de culture personnelle, puisqu'ils contenaient le matériel nécessaire pour la peinture et la calligraphie (ill. 38).

Sōtatsu reste une figure plus énigmatique, mais il est hors de doute qu'il commença sa carrière en peignant des éventails dans une

39. Tawaraya Sōtatsu (mort en 1643). *Iles des pins à Matsushima*. Paire de paravents à six panneaux, encre, couleur et or sur papier, chaque paravent de 160 x 370 cm. Washington D.C., Smithsonian Institution, Freer Gallery of Art.

Cette composition panoramique représente l'un des plus beaux paysages du Japon septentrional, célébré par les poètes. La disposition des rochers stylisés, des bancs de sable et des îles couvertes de pins varie les perspectives aériennes et forme une frise continue sur les douze panneaux des deux paravents.

boutique familiale située entre les avenues Ninjō et Sanjō. Son travail devint si renommé que l'on prit l'habitude de baptiser « Tawaraya » la meilleure qualité d'éventail de Kyoto. Son succès venait de son habileté à choisir et recombiner des motifs littéraires familiers, propres aux rouleaux horizontaux, pour les déployer sur les éventails, puis sur les rouleaux verticaux et les paravents. Les artistes de l'école Tosa puisaient au même répertoire, mais Sōtatsu refusait leur style de miniature, aux contours durs, en privilégiant la douceur des contours évocateurs et des formes expansives, comme dans l'*Île des pins à Matsushima* (ill. 39).

Il est possible que ce thème, traité par Sōtatsu, ait subi l'influence d'une scène tirée de la biographie picturale de Kakunyo (1270-1351), prêtre du Nishi Honganji qui avait parcouru ces lointaines régions à des fins de prosélytisme. Pour les amateurs du XVIIᵉ siècle, la séduction de ces paravents reposait sur la réputation de ces paysages. Bien que peu d'artistes l'eussent vu, Matsushima était célébrée depuis longtemps comme un *meisho* – un lieu chargé de connotations poétiques et picturales – à tel titre que lorsque le poète Matsuo Bashō la visita en 1689, il la jugea inaccessible au pouvoir de ses mots.

L'œuvre de Sōtatsu et Kōetsu est à l'origine d'un groupe d'artistes hétéroclite, connu plus tard sous l'appellation de « Rinpa » d'après Ogata Kōrin (le nom étant formé de la syllabe finale du nom de l'artiste, « rin », et du mot « pa » signifiant « faction », « école »). À la différence de l'école Kano, dont les membres étaient unis par des liens familiaux, les Rinpa formaient un groupe d'artistes assez lâche, qui se cooptaient d'après leurs orientations et préférences artistiques. Autre différence : les artistes Rinpa adaptaient et réinterprétaient librement les sujets et les styles de leurs prédécesseurs,

pour les utiliser sur divers supports. Outre la peinture et la calligraphie, Kōrin et son frère Kenzan travaillaient sur laque, sur tissu et sur céramique. Leurs créations allaient influencer des générations d'artistes de toutes les écoles.

Ogata Kōrin et Kenzan appartenaient à une famille distinguée de Kyoto, dont la boutique de draps – à l'enseigne de la *Kariganeya*, « l'Oie sauvage » – fournissait des tissus de luxe aux guerriers et aux courtisans depuis le XVIe siècle. La famille Ogata était liée par mariage à Kōetsu et Kenzan hérita de son grand-père Sōhaku une maison sur le mont Takagamine. Nantis d'un commerce florissant, ils avaient consacré leur jeunesse à la culture – *chanoyu*, calligraphie, peinture et nô, tous passe-temps répandus parmi l'élite des marchands de la ville. Après la mort de sa principale protectrice et commanditaire, l'impératrice Tōfukumon'in, en 1678, le commerce de la famille commença de décliner. L'effondrement définitif de 1703, dû à la faillite financière d'un daimyo incapable de rembourser un prêt, conduisit les frères Ogata à devenir artistes professionnels et à se rendre à Edo pour y trouver des protecteurs. Ils y restèrent quelque temps et jetèrent les bases du groupe Rinpa qui allait prospérer dans la cité du shogun au XIXe siècle.

La mode était essentielle à la définition de Kyoto, durant l'ère Genroku (1688-1704), et la « haute couture » devint l'une des formes les plus remarquables de l'expression culturelle de la ville. Dans *l'Éternel magasin japonais* (*Nihon Eitaigura*), le romancier d'Osaka, Ihara Saikaku (1643-1693), notait :

« Les modes ont changé depuis celles du passé et sont devenues de plus en plus ostentatoires. En toutes choses, les gens ont une passion pour un luxe au-dessus de leur condition. Les vêtements des femmes, en particulier, confinent à l'extravagance [...]. Ces dernières années, certaines personnes avisées de Kyoto ont commencé à prodiguer toutes sortes de splendeurs sur les habits masculins et féminins, et à produire des illustrations de livre en couleurs. Avec leurs délicats motifs de mode, leurs estampes princières aux cent couleurs et les diaprures de leurs tissus, ils vont aux frontières de l'originalité, pour complaire à tous les goûts. »

Plusieurs peintres de Kyoto dessinaient et peignaient d'élégantes parures : en raison de la profession de sa famille, Kōrin déploya une activité extraordinaire dans cette forme d'expression artistique. En une certaine occasion, il monta même une sorte de parade dans laquelle l'épouse de l'un de ses mécènes parut en public, vêtue d'un simple habit blanc, alors qu'un de ses serviteurs était habillé de façon plus opulente et voyante. Cette subtile inversion des critères par la

mode même prouvait un admirable sens de l'esthétique que les contemporains de Kōrin admirèrent sans réserve.

Le *kosode* offrait, en effet, une vaste surface plane que l'on pouvait décorer en utilisant les mêmes principes de composition qu'un rouleau ou un paravent. Dans le courant du XVIIᵉ siècle, les progrès techniques réalisés dans le tissage, la teinture, la broderie, la dorure à la feuille et la peinture permirent de créer des motifs de tissu d'une sophistication et d'une originalité étonnantes. Les artistes de Kyoto furent donc de plus en plus invités à fournir des dessins pour les tisserands et les teinturiers de la ville, regroupés dans le district de Nishijin. L'approche picturale de Kōrin, célèbre pour sa division de la surface entre champs contrastés et son utilisation des aplats simplifiés et travaillés en silhouette, se prêtait admirablement à d'autres supports artistiques (ill. 40 et ill. 14).

Tout comme Kōrin transcendait les limites entre peinture et tissus, Kenzan mariait la peinture et la céramique, apportant ainsi à

40. Ogata Kōrin (1658-1716).
Pruniers rouges et blancs, début du XVIIIᵉ siècle. Paire de paravents à double panneau, encre, couleurs et or sur papier, chaque paravent 160 x 170 cm. Atami, MOA Museum of Art.

Ce procédé nouveau consistant à utiliser un cours d'eau comme élément unificateur a inspiré des générations d'artistes.

cette dernière les ressources d'une expressivité nouvelle. Plusieurs des vases produits par Kenzan, dans les fours de Kyoto et des environs, utilisaient les émaux brillamment colorés développés par Nonomura Ninsei (vers 1574-1660), céramiste actif à Kyoto dans les années quarante. Toutefois, alors que Ninsei avait modelé des formes de céramique complexe selon les spécifications d'un maître du *chanoyu*, Kenzan produisait ses céramiques d'après son propre goût. Ce faisant, il fut le premier « artiste potier » du Japon. À une époque où la production de céramique était une affaire d'ateliers réalisée par des artisans anonymes, la signature de Kenzan, peinte sous les vases, témoigne d'une conscience croissante de l'individualité artistique.

Kenzan était moins intéressé par les aspects techniques de la céramique que par ses possibilités de support pour une décoration nouvelle. En travaillant sur des formes moulées plutôt que tournées à la main, il orienta la production vers un marché en expansion, tout en gardant à chaque pièce une allure individuelle par le décor libre qu'il y ajoutait. Kenzan acheva le processus par lequel les artistes Rinpa avaient incorporé l'esthétique de cour dans toutes les formes d'art pratiquées à Kyoto (ill. 41 et 42).

Kōrin et Kenzan incarnent deux idéaux opposés dans l'évolution de l'identité culturelle de Kyoto. Versé dans les arts traditionnels, mais parfaitement à son aise dans le quartier réservé de Shimabara, Kōrin finit par incarner l'archétype du dandy urbain (*sui*) dans le

41. Ogata Kōrin
(1658-1716)
Éventail avec scène
tirée des *Contes d'Ise*.
Encre, couleurs
et or sur papier,
36,6 x 23 cm.
Freer Gallery of Art,
Smithsonian Institution,
Washington D.C.

Kōrin et Kenzan ont été exceptionnellement doués tous les deux pour adapter les motifs de la littérature classique aux contraintes spécifiques des divers supports. La décoration de l'éventail (ci-dessus) et de la boîte à encens (ci-contre) illustre le même épisode des *Contes d'Ise*, source d'inspiration populaire pour les artistes Rinpa.

42. Ogata Kenzan
(1663-1743).
Boîte à encens avec une scène tirée des *Contes d'Ise*, 1699-1712. Grès émaillé, haut. 2,5 cm, prof. 10 cm. Washington D.C., Smithsonian Institution, Freer Gallery of Art.

Kyoto de l'ère Genroku. À une époque où les riches marchands de la cité rivalisaient d'extravagance ostentatoire, cette joie de vivre supérieure était toutefois insuffisante pour le distinguer de ses pairs ; mais Kōrin fascina le public par la virtuosité et l'élégance de son art de vivre.

Kenzan, de son côté, avait un sens esthétique plus réservé et plus discret, assez proche de la tradition des ermites de Kyoto. Le nom de la modeste retraite qu'il se fit aménager au nord-ouest de la capitale, Shuseido (« Salon de la science sereine »), atteste ce long désir de réflexion et de science paisibles. Sa quête permanente de culture personnelle par la lecture, la calligraphie et la peinture, était un modèle qu'allaient suivre les autres artistes de Kyoto, une fois passé l'apogée de la prospérité de la ville.

BUSON, TAIGA ET LE MOUVEMENT DES LETTRÉS

Le mouvement Lettré n'est pas originaire de Kyoto, mais la tradition séculaire de science chinoise et de liberté intellectuelle allaient fournir le terreau fertile où ce mouvement prit racine et prospéra. Deux de ses pionniers, Gion Nankai (1677-1751) et Yanagisawa Kien (1796-1758) étaient des fonctionnaires gouvernementaux dans les provinces de Kii (préfecture actuelle de Wakayama) et de Yamato (préfecture actuelle de Nara). Sakaki Hyakusen (1697-1752), le troisième père fondateur et le plus doué artistiquement, commença de travailler à Kyoto, mais il était originaire de Nagoya. Les artistes Lettrés s'identifièrent aux peintres amateurs chinois des dynasties Yuan, Ming et Qing (XVe au XIXe siècle) et adoptèrent plusieurs des thèmes et des styles que ces derniers affectionnaient. Ils tiraient aussi leur inspiration d'autres sources, qui n'étaient pas toutes d'origine chinoise. Leur peinture est connue sous le nom de *bunjinga* (« peinture Lettrée ») ou de *nanga* (« peinture de l'école du Sud »), deux expressions dérivées du chinois.

Malgré leur éclectisme artistique, les Lettrés japonais partageaient une même passion pour la philosophie confucéenne et pour la poésie, la calligraphie et la peinture de la Chine, attitude qui avait le double avantage de servir certaines valeurs officielles du shogunat (le confucianisme) tout en s'opposant à d'autres (dans le domaine artistique). Plusieurs d'entre eux pratiquaient aussi des formes d'art – comme la poésie *haikai* – qui n'étaient pas associées à la Chine. Les artistes du mouvement Lettré soutenaient aussi qu'en temps qu'« amateurs », ils possédaient une véritable intégrité personnelle et artistique qui faisait défaut aux peintres « professionnels » des écoles Kano et Tosa. Cette image qu'ils donnaient d'eux-mêmes se manifes-

43. Ike Taiga (1723-1776).
La Rencontre dans le Pavillon des Orchidées, décennie 1750. Élément d'une paire de paravents à six panneaux, encre et couleurs sur papier, 160 x 350 cm.
New York, fondation Mary et Jackson Burke.

Inspiré par une rencontre légendaire de savants et de poètes sur les bords d'une rivière, ce sujet est emblématique du monde raffiné de la culture chinoise.

tait par la valeur suprême qu'ils accordaient à la créativité individuelle.

Les séductions d'une vie consacrée à l'épanouissement personnel transcendaient les frontières de classe. Nanjai et Kien étaient des fonctionnaires dûment formés, qui avaient démissionné de leurs fonctions pour refus d'obéissance ; Hyakusen venait d'une famille de pharmaciens. Pour ces hommes, la peinture avait d'abord été un passe-temps avant de devenir un gagne-pain. Ike Taiga et Yosa Buson (1716-1783) étaient de plus humble origine. Leur choix de vie reflétait la nostalgie de la tradition culturelle chinoise, que partageait une partie des petites gens de Kyoto et des environs. Cela leur donna également une grande liberté d'expérimentation, impensable pour les disciples des « écoles » plus officielles. Ces deux artistes ont été de véritables professionnels, souvent chargés d'exécuter des commandes

de panneaux coulissants et de paravents, genres de composition que les Lettrés dédaignaient.

Taiga, né à Kyoto où il passa la majeure partie de sa vie, était autodidacte. Ses multiples talents et son style de vie non conventionnel lui valurent la célébrité de son vivant. Comme les autres peintres Lettrés, Taiga développa son art de manière assez peu cohérente, au gré des rencontres avec les autres artistes, par l'étude des peintures Ming et Qing fraîchement importées et en empruntant des éléments à la tradition picturale japonaise, notamment celle de l'école Rinpa, dont l'influence était diffuse dans les cercles artistiques de Kyoto. Les livres imprimés à la planche de bois comme le *Manuel de peinture du Jardin de la moutarde* (*Kaishien gaden*, 1748-1753) et le *Manuel de peinture des Huit styles* (*Hasshū gafū*, 1672) exercèrent aussi une profonde influence sur son œuvre (ill. 21). La synthèse personnelle de ce

44. Ike Taiga (1723-1776).
*La Rencontre dans le
Pavillon des Orchidées*,
décennie 1750 (détail).
New York, fondation
Mary et Jackson Burke.

Le peintre assis devant la
table de laque rouge, le
pinceau à la main,
pourrait être Wang Xizhi,
poète et calligraphe
chinois du IVᵉ siècle, dont
les vers ont immortalisé la
rencontre du Pavillon des
Orchidées.

mélange d'influences est évidente dans la structure spatiale, l'organisation des points de couleur et les touches picturales de la plupart de
ses peintures (ill. 43 et 44).

Taiga se forma aussi par les voyages, qui lui apportèrent l'occasion d'observer et d'enregistrer la topographie de lieux célèbres à travers le pays, insufflant à son œuvre un nouveau réalisme visuel. Pour
payer ses frais de voyage, il donnait des démonstrations de peinture
avec les doigts, une technique chinoise pratiquée naguère par Kien et
caractéristique de l'excentricité très en vogue chez de nombreux Lettrés ; dans le même temps, cela révèle chez Taiga la conscience de la
valeur « promotionnelle » de ces exhibitions publiques (ill. 19).

Buson était aussi un artiste d'humble origine, aux multiples
talents. Né dans une famille d'agriculteurs des environs d'Osaka, il fit,
dans sa jeunesse, le voyage à Edo pour étudier la poésie avec un dis-

ciple du grand maître du *haikai*, Matsuo Bashō (1644-1694). Plus tard, en hommage à Bashō, Buson reprit ses voyages dans le nord du pays, se créant du même coup un réseau de patrons ruraux pour sa poésie et pour sa peinture. Buson fit connaissance de la peinture Lettrée par l'intermédiaire de Hyakusen, qu'il rencontra à Kyoto dans les dernières années de la vie de celui-ci. Après s'être définitivement installé dans la capitale en 1757, Buson devint bientôt l'un des personnages les plus en vue dans la vie artistique et littéraire de la cité ; grâce aux cotisations et aux relations personnelles de la société de poésie *haikai*, il trouva les financements nécessaires pour vivre et pour faire vivre les autres artistes de son cercle.

La peinture de Buson défie toute tentative de classification. C'était, par-dessus tout, un maître du genre *haiga* (« peinture *haikai* »), style pictural marqué par une grande spontanéité et n'employant que quelques touches de pinceau pour créer un effet pictural analogue, par son économie de moyens, aux impromptus *haikai* de dix-sept syllabes. Les paysages saisonniers de Buson, aériens et légers, évoquent les environs de Kyoto avec une grande sensibilité dans les nuances de couleur et de texture. Il a également créé de vastes compositions avec personnages, inspirées des œuvres de peintres professionnels de la dynastie Ming, introduites au Japon par des moines *ōbaku* et par des marchands chinois.

Taiga mourut en 1776 et Buson en 1783, laissant une sorte de vide à la tête du mouvement Lettré, ce qui donna aux autres écoles de peinture l'occasion de « détourner » un certain nombre de mécènes. Kyoto ne devait retrouver sa prééminence comme centre Lettré qu'en 1811, date de l'installation de Rai San'yō (1781-132). Historien, poète, peintre et calligraphe, originaire d'Aki (un domaine féodal situé dans le district de la préfecture actuelle d'Hiroshima), San'yō – personnage charismatique – fonda une école privée à Kyoto, où affluèrent des étudiants venus de tout le pays. Auteur d'une importante histoire du Japon, dans laquelle il prônait le renforcement du pouvoir impérial, il devint une figure de proue dans l'opposition au gouvernement shogunal. Les artistes regroupés autour de San'yō venaient d'Osaka, de Nagoya et même de la lointaine Kyushu.

Ces artistes se révoltaient tous contre l'autoritarisme du shogunat, tout en cherchant à créer leur propre « lignée » dynastique, faisant ainsi du *bunjinga* l'une des « écoles » reconnues de la ville impériale. La participation au mouvement Lettré avait été fondée, initialement, sur les affinités électives, mais les adhérents du XIXe siècle eurent plutôt tendance à être doctrinaires ; artistiquement et intellectuellement, le mouvement perdit, en conséquence, une partie de son exubérance et de sa diversité d'origine. Tandis que certains artistes peignaient d'une façon personnelle, d'autres soulignaient l'importance de la fidélité aux sujets et aux techniques de pinceau des peintures Ming et Qing. Cette évolution, parallèle aux efforts déployés pour préserver leur style, en formant leurs fils à l'héritage stylistique, était caractéristique de la compétition croissante entre les artistes de Kyoto.

La pratique de la peinture Lettrée impliquait, depuis son origine, une conscience spécifique du pouvoir de l'imagination individuelle et un grand détachement de toute mondanité ; ces valeurs se posaient en concurrentes de celles du confucianisme adoptées officiellement par le shogunat. Cette dissidence souterraine se renforça dans la Kyoto du XIXe siècle : de plus en plus de samurais, qui avaient démissionné de leur poste gouvernemental ou en avaient été chassés, se considéraient comme *bunjin* et cherchaient à gagner leur vie en enseignant et en vendant leurs peintures dans la capitale et dans les provinces alentour. Les peintres Lettrés de la région du Kansai exprimaient leur désapprobation politique et sociale en adoptant très consciemment un style de vie bohème et en glorifiant, dans leur peinture, la vie des ermites chinois et des beautés primitives du monde naturel.

La vie et les réalisations du versatile Uragami Gyokudō (1745-1820) sont caractéristiques de la génération d'artistes qui suit celle de Taiga et Buson. Fonctionnaire au service du daimyo de Bizen (préfecture actuelle de Yokohama), il démissionne à l'âge de cinquante ans pour se consacrer à la calligraphie et à la peinture, à la poésie et à la musique. Passionné de cithare chinoise (*qin*) au point d'appeler ses fils Shunqin (« cithare de printemps ») et Shuqin (« cithare d'automne »), il finit par s'installer à Kyoto après dix-sept ans de voyages dans le pays, en compagnie de ses fils devenus des peintres à part entière. La plupart de ses œuvres datent de cette période (ill. 45).

Aoki Mokubei (1767-1833), autre membre du cercle de San'yō, montraient des talents aussi multiples que ses centres d'intérêt. Fils d'un restaurateur et tenancier de maison close, il étudia sous Kō Fuyō (1722-1784), peintre, graveur de sceau et connaisseur, proche ami de Taiga. Bien que Mokubei fût un peintre paysagiste accompli, il contribua aussi à relancer la production de céramique à Kyoto, qui avait décliné depuis la mort de Kenzan, en développant les vases pour le *sencha*, dont la consommation était fort appréciée parmi les membres du cercle de San'yō. Après avoir étudié avec Okuda Eisen (1753-1811), céramiste local spécialisé dans la porcelaine, il produisit des porcelaines et des grès, décorés d'émaux sous glaçure, qui imitaient les importations chinoises. Ses peintures et céramiques offrent des motifs traités en couleurs puissantes et saturées (ill. 46).

La pratique du Bunjinga impliquait non seulement un certain comportement, mais aussi des relations personnelles plus égalitaires

45. Uragami Gyokudō
(1745-1820)
*Passer un pont, portant
une* qin, 1814. Rouleau
vertical, encre sur
papier, 127 x 52 cm.
New York, fondation
Mary et Jackson Burke.

Stylistiquement,
Gyokudō avait quelque
chose d'un réfractaire,
avec ses paysages
brossés rapidement,
traits et points saturés
d'encre, selon un style
dérivé des modèles
chinois, mais de loin. Il
aimait particulièrement
peindre des vues de
montagne embrumées.

Ci-dessus 46. Aoki Mokubei (1767-1833), attribué à. Boîte à compartiments pour nourriture, début du XIXe siècle. Porcelaine décorée d'émaux sous glaçure, côté 14,9 cm. Londres, Victoria & Albert Museum.

Cette boîte à compartiments, utilisée pour le *sencha*, est décorée de couleurs et de motifs apotropaïques qui reflètent la fascination de l'artiste pour la culture chinoise.

Ci-contre 47. Mikuma Katen.
Ike Taiga et Gyokuran dans leur atelier, tiré des *Biographies des originaux des temps récents* (*Kinsei kijin den*), 1790. Livre imprimé à la planche de bois, 26 x 16,5 cm. Santa Monica (Cal.), collection Ravitz.

Les deux peintres jouent de la musique dans leur atelier encombré d'un bric-à-brac d'accessoires associés à l'idéal des Lettrés. Cette image pleine de fraîcheur a été inspirée par les multiples anecdotes concernant l'excentricité de Taiga et de Gyokuran.

que la norme entre écoles. Cette conception plus « démocratique » s'étendait jusqu'aux relations entre les sexes. Ainsi, les femmes de toutes classes étudiaient la peinture et participaient à des ateliers familiaux. On leur refusait toutefois la reconnaissance personnelle accordée à leurs homologues masculins. Au contraire, les cercles Lettrés accueillaient volontiers les femmes douées de talents littéraires et artistiques, sans tenir compte de leur origine sociale. L'élève et épouse de Taiga, Gyokuran (1727-1784), par exemple, était à la fois poétesse, et son talent pour reproduire les orchidées était reconnu (ill. 47).

En 1830, le nombre et la stature des femmes artistes de Kyoto étaient tels qu'on leur accorda une rubrique spéciale dans le *Who's Who* artistique de la capitale (*Heian jinbutsu shi*). Cette reconnaissance officielle marqua, au XIXᵉ siècle, le caractère non-conventionnel et la créativité des artistes du Bunjinga.

L'ÉCOLE DE MARUYAMA-SHIJŌ

En 1720, dans le cadre des réformes de l'ère Kyōhō (1716-1736), le gouvernement shogunal leva l'interdiction sur les importations de livres, mesure qui eut de profondes conséquences artistiques à travers tout le pays. Bien que les artistes japonais eussent pris connaissance du clair-obscur et des techniques de perspective de l'Occident dès la fin du XVIᵉ siècle, l'utilisation de ces méthodes occidentales était rapidement tombée sous le coup de la politique xénophobe des

48. Maruyama Ōkyo (1733-1795)
Le Bord de la rivière à Shijō, décennie 1760.
Estampe à la planche de bois, coloriée à la main, 20,8 x 27 cm.
Musée d'art de la préfecture de Nagasaki.

Cette scène nocturne très animée est prévue pour une sorte de dispositif stéréoscopique, avec ses personnages silhouettés sur le fond des restaurants et des théâtres éclairés aux lanternes. Un spectacle d'acrobates domine l'arrière-plan.

49. Maruyama Ōkyo
(1733-1795).
Pins sous la neige,
vers 1780-1790. Paire de
paravents à six panneaux,
encre et or sur papier,
chaque paravent
de 1,50 x 3,60 m.
Tokyo, Mitsui Bunko.

Pour créer un sens du
volume comparable
à celui des tableaux et des
estampes européens,
Ōkyo employait une
ancienne technique de
pinceau appelée *mokkotsu*
(« désossée ») : les formes
ne sont pas décrites par
des lignes de contour, mais
par un jeu de lavis d'encre ;
en ombrant ces formes
d'un côté ou sur
l'extérieur, il pouvait ainsi
créer des zones contrastées
de lumière et d'ombre,
propres à donner l'illusion
du volume. Les sujets les
plus traditionnels
– « oiseaux-et-fleurs »,
paysage et personnages –
en reçoivent une
matérialité étonnamment
nouvelle.

Tokugawa et avait disparu. L'art japonais ne retrouva le chemin des sujets et des styles occidentaux – souvent par l'intermédiaire de livres chinois, liés au goût du public pour la nouveauté – que dans les années trente du XVIIIᵉ siècle, avec l'intérêt des estampistes d'Edo pour les techniques illusionnistes. À Kyoto, l'impact de cette évolution ne se manifesta que vingt ans plus tard, dans l'art de Maruyama Ōkyo (1733-1795).

Fondateur d'une école de peinture très influente, Ōkyo fut l'un des premiers artistes à reconnaître, dans ces nouvelles façons de représenter le volume et l'espace, autre chose que des « nouveautés » divertissantes. Il apprit la perspective et le clair-obscur dans les estampes – coloriées à la main – que l'on produisait dans la ville chinoise de Suzhou et qui arrivaient au Japon *via* Nagasaki. Il adopta initialement ces techniques pour réaliser des représentations de scènes locales et étrangères, utilisées dans des sortes de spectacles stéréoscopiques, divertissements très populaires dans les foires et les carnavals. La glorification des spectacles les plus célèbres de Kyoto par ce procédé contribua très certainement à ses succès initiaux (ill. 48). Il devait appliquer plus tard, avec habileté, plusieurs des principes européens à de grandes compositions de paysages et de scènes figurées (ill. 49).

Durant la dernière décennie de sa vie, Ōkyo et son atelier reçurent plusieurs commandes qui étaient jadis l'apanage de l'école Kano. Ces dernières comprenaient des cycles de peinture pour des panneaux coulissants, destinés aux temples et sanctuaires de Kyoto, et même aux institutions religieuses de l'île lointaine de Shikoku. En outre, en 1789-1790, Ōkyo et ses étudiants eurent en charge la restauration des panneaux coulissants, pour l'un des palais impériaux endommagés par l'incendie de 1788. Il est possible que l'amitié d'Ōkyo avec le frère aîné de l'empereur Kōkaku (règne de 1780 à 1817) n'ait pas été étrangère à cette prestigieuse commande.

L'observation minutieuse de la flore et de la faune apportèrent un nouvel empirisme à ce genre pictural. Ōkyo avait une excellente connaissance de l'anatomie humaine – qui lui venait de ses travaux d'après nature et de son observation des dissections de cadavre (détail inhabituel pour les artistes de cette époque) – et cela influença fortement l'évolution de la peinture de personnage à Kyoto. Ses représentations de jolies femmes (*bijinga*) reflètent un sens de la corporéité unique parmi les œuvres de cette époque. Toutefois, bien que l'esquisse d'après nature restât une partie importante de leur formation artistique, les disciples d'Ōkyo tempérèrent l'objectivité scientifique, qui était sa « marque » personnelle, avec une facture plus délicate et parfois sentimentale. Ce style rencontra un grand succès à Kyoto et Osaka, beaucoup moins à Edo.

50. Matsumura Goshun
(1752-1811).
*Hibiscus et héron bleu
sur un tronc d'arbre*, 1782.
Rouleau vertical, encre
et couleurs sur soie,
126 x 60 cm.
Hyogo, Kurokawa
Kobunkan Kenkyusho.

Par sa qualité poétique et
son travail de pinceau,
cette œuvre est plus
redevable à Buson qu'à
Ōkyo. L'alternance de
longs traits fibreux et de
touches plumeuses pour
rendre le feuillage et le
plumage évoquent tout
particulièrement le style
de Buson.

Ce bouleversement esthétique eut pour chef Matsumura Goshun (1752-1811), peintre de talent qui fonda la branche Shijō de l'école Maruyama, nommée d'après l'avenue de Kyoto où il résidait, comme plusieurs de ses disciples. Goshun appartenait à une excellente famille de Kyoto, employée depuis plusieurs générations à l'Office de la Monnaie. À l'instar des frères Ogata, il commença la peinture et la poésie comme passe-temps et n'en fit sa profession que pour faire face aux problèmes financiers consécutifs à la mort de son père. Dans sa jeunesse, il eut pour maître Buson et devint un habile peintre de *haiga*, absorbant aussi des éléments du style Lettré. Après la mort de son maître, en revanche, il fut de plus en plus attiré par le style d'Ōkyo, qui était devenu, dans l'intervalle, la personnalité artistique dominante de Kyoto. Goshun garda les techniques d'ombre développées par Ōkyo, mais estompa l'accent mis sur la perspective, en faveur de couleurs translucides et d'un traitement plus décoratif de l'espace (ill. 50). Ōkyo et Goshun formèrent plusieurs artistes de talent dans leurs ateliers. Si la plupart restèrent à Kyoto, d'autres allèrent fonder, à leur tour, des ateliers à Osaka et Edo, adaptant les sujets et les styles de Maruyama-Shijō aux goûts locaux.

Les artistes de Maruyama-Shijō avaient beaucoup de points communs avec les Lettrés. Les deux écoles puisaient l'essentiel de leur inspiration artistique et intellectuelle en dehors de la tradition picturale officielle, partageaient le même intérêt pour les sciences naturelles et adoptaient, à divers degrés, une approche empirique inspirée par l'observation soigneuse de leur environnement. Les relations furent d'abord cordiales entre les deux écoles, dont la plupart des membres vivaient à proximité de Shijō Avenue et fréquentaient à peu près les mêmes cercles culturels. Mais au XIXᵉ siècle, la transformation du mouvement Lettré en une « chapelle » plus dogmatique, guidée par la théorie et la pratique chinoises, créa un fossé grandissant entre les deux écoles. Le schisme fut accentué par la faveur dont les œuvres Maruyama-Shijō jouissaient auprès du public de Kyoto, d'où la prospérité et l'expansion des ateliers de l'école.

La prééminence de Maruyama-Shijō, dans le monde artistique de Kyoto, est manifeste par l'évolution des expositions bi-annuelles d'Higashiyama, l'un des événements majeurs de la vie culturelle de la capitale impériale. Minagawa Kien (1734-1807), savant confucéen, peintre et calligraphe amateur, organisa la première exposition dans le district d'Higashiyama (« Collines orientales »), en 1792. Cette manifestation eut un tel succès qu'elle attira les mécènes et collectionneurs venus de tout le pays, et continua d'être organisée chaque année, au printemps et à l'automne, jusqu'en 1864. Au départ, les œuvres exposées venaient de toutes les écoles de peinture de Kyoto, offrant aux spectateurs une occasion unique d'apprécier la gamme des activités artistiques de la ville. En 1794, la liste des participants incluait Gyokudō et ses deux fils, qui exposaient une série d'éventails réalisés à plusieurs. En 1796, on relevait quatre-vingt-dix-sept participants venus de tout le pays ; on y trouvait représentées les écoles de Kyoto – Maruyama-Shijō, Tosa et Kano – mais aussi des indépendants comme Ito Jakuchū (1716-1800). Tani Bunchō (1763-1840), éminent artiste d'Edo, et plusieurs peintres d'Osaka, avaient également envoyé des œuvres. Par la suite, les artistes de Maruyama-Shijō et des ateliers qui s'y rattachaient finirent par monopoliser les expositions suivantes, confirmant la prééminence de leur école de peinture à Kyoto.

LES INDIVIDUALISTES : JAKUCHŪ, SHŌHAKU ET ROSETSU

La popularité croissante des présentations d'Higashiyama et des autres expositions publiques modifièrent le climat artistique de Kyoto. Alors que les « peintres de secteur » (*machi eshi*) vendaient leurs œuvres dans des boutiques depuis le début de la période, les peintres établis dépendaient davantage des commandes. Dans un tel climat, les artistes appartenant à une école dotée d'un bon réseau de patrons étaient nettement avantagés. L'essor des expositions publiques contribua à affaiblir le système des ateliers, en offrant à des indépendants entreprenants de nouvelles occasions d'exposition et de reconnaissance personnelle. Avec l'intensification de la compétition commerciale, plusieurs peintres de Kyoto, aidés de leurs amis et de leurs disciples, se mirent à manipuler les mécanismes sociaux de la célébrité en rédigeant des biographies qui accentuaient complaisamment les qualités jugées idéales pour un artiste.

La publication de *Biographies des originaux récents* (*Kinsei kijin-den*) et de *Who's Who à Kyoto* (*Heian jinbutsu shi*) est révélatrice de cette tendance. Publiés pour la première fois à Kyoto dans les dernières décennies du XVIIIe siècle, ces répertoires connurent un tel succès que des éditions mises à jour et augmentées sortirent régulièrement jusqu'à l'ère Meiji (après 1868). On y trouvait les biographies des personnages censés posséder cette mystérieuse « altérité » associée au génie créateur. Les illustrations qui accompagnaient les *Biographies* eurent autant d'influence que le texte pour l'image des artistes auprès du public.

Bien qu'Ito Jakuchū, Soga Shōhaku (1730-1781) et Nagasawa Rosetsu (1754-1799) eussent des visions artistiques radicalement différentes, tous trois étaient généralement qualifiés d'originaux (*kijin*) ; à ce titre, leur personnalité et leurs activités dépassaient, selon l'attente du public, les limites de la « normalité ». Le lien entre originalité et créativité artistique avait de profondes racines dans le bouddhisme zen et dans la philosophie taoïste, mais il devint, à partir de la fin du XVIIIᵉ siècle, l'emblème de la résistance au confucianisme et au contrôle de l'individu par l'État. Les biographies fourmillaient donc de traits et d'anecdotes soulignant à la fois les comportements non-conventionnels et l'habileté divine de ces artistes.

Le goût de la solitude, des convictions religieuses profondes et une aptitude illimitée à insuffler aux sujets les plus profanes une mystérieuse qualité surnaturelle contribuèrent à populariser Jakuchū sous les traits d'un artiste hors norme. Sa peinture explore toute une gamme de travaux, allant de compositions sur soie méticuleusement rendues et rayonnantes de lumière, à des monochromes à l'encre, brossés de façon très expressive. On sait peu de chose sur sa formation, mais il est fort probable qu'il ait étudié sous Ōoka Shunboku (1680-1763), artiste d'Osaka dans la lignée de l'école Kano, connu pour ses recueils imprimés de peintures chinoises et japonaises.

Comme les fils de maintes familles de marchands prospères de Kano, Jakuchū semble s'être d'abord consacré à la peinture comme à un passe-temps. Il en fit une occupation permanente à l'âge de quarante ans, après avoir cédé à son jeune frère la direction de l'affaire familiale de fruits et de légumes. Il jouit d'abord d'une relative sécurité financière, mais la situation changea après le grand incendie de Kyoto, en 1788, qui détruisit l'entreprise familiale, ses nombreuses propriétés et même son atelier qui devait se situer, pense-t-on, sur les rives du Kamo, entre les avenues Shijō et Gojō. Pour Jakuchū comme pour beaucoup de ses pairs, les années suivant l'incendie furent marquées par des activités plus ouvertement commerciales.

Daiten Kenjō (1719-1801), abbé de Shōkokuji (l'un des principaux temples zen de Kyoto), influença l'évolution religieuse et artistique de Jakuchū, en lui permettant d'étudier et de copier à loisir les peintures chinoises et japonaises assez rares que détenaient les collections de Shōkokuji et d'autres temples. L'amitié des moines de Manpukuji lui donna en outre accès à d'autres œuvres importées de Chine, ainsi qu'aux œuvres japonaises de style réaliste exécutées à Nagasaki (chapitre 4). Pour Jakuchū, qui adjoignait souvent l'épithète de *koji* (clerc bouddhiste) à la signature de ses œuvres, la peinture devint une forme de discipline religieuse et d'expression spirituelle. La foi bouddhique était en lui si profondément enracinée que plusieurs de ses œuvres, d'apparence profane, cachent en fait des motifs religieux.

Son *magnum opus* est une série de trente grands rouleaux peints, représentant un échantillonnage encyclopédique de flore et de faune terrestres et marines ; ces œuvres ont été réalisées expressément pour

le Shōkokuji et l'exposition annuelle de cette vision, si intense et si personnelle, de l'unité du monde vivant a certainement contribué à répandre la légende d'un Jakuchū inspiré par la divinité. L'artiste revint ensuite plusieurs fois sur ces sujets, les développant de façons différentes dans plusieurs de ses compositions tardives (ill. 29).

Les biographies de Soga Shōhaku rappellent souvent qu'il peignait sous l'empire de la drogue, pratique bien attestée chez les artistes chinois. Cette tradition a sans doute été inspirée par sa touche très personnelle, puissante et brusque, avec de forts contrastes entre ombre et lumière, et sa prédilection pour les sujets originaux (ill. 51). Shōkaku étudia brièvement auprès d'un petit maître de l'école Kano, mais refusa ensuite tout lien institutionnel avec un atelier, préférant au contraire s'identifier avec la lignée Soga, « famille » de moines-peintres active à Daitokuji durant la période Muromachi (1333-1573). Si les thèmes du folklore chinois et le répertoire pictural zen figurent au premier plan de son œuvre, Shōhaku doit aussi une partie de son style à des artistes japonais comme Kano Sansetsu et à des peintres chinois hétérodoxes de la fin de la période Ming.

Rompre avec un atelier établi n'était pas exceptionnel, mais la survie artistique devenait plus problématique sans l'appui de ce genre d'organisation. Le fait que Nagasawa Rosetsu ait réussi à le faire prouve à la fois son talent et l'exagération du récit que rapporte la tradition sur sa rupture avec son mentor, Maruma Ōkyo. Rosetsu appartenait à une famille de samurais et avait servi des seigneurs féodaux dans les environs de Kyoto, avant d'entrer à l'atelier d'Ōkyo. Toutefois, ses talents personnels étaient apparemment incompatibles avec la routine du travail d'atelier et il s'installa à son propre compte. En 1782, lorsque son nom apparaît pour la première fois dans le *Who's Who à Kyoto*, il figure déjà parmi les premiers talents de la cité.

51. Soga Shōhaku (1730-1781).
Quatre sages du mont Shang, seconde moitié du XVIIIe siècle. Élément d'une paire de paravents à six panneaux, encre et or sur papier, 150 x 360 cm. Boston, musée des Beaux-Arts.

Les quatre sages du mont Shang sont des personnages chinois légendaires, qui s'étaient retirés sur les montagnes après avoir refusé de servir un ministre immoral. Les puissantes touches de pinceau délimitant le pin noueux et les personnages sont caractéristiques du style très personnel de cet artiste.

52. Nagasawa Rosetsu (1755-1799).
Éléphant et taureau, seconde moitié du XVIIIe siècle. Paire de paravents à six panneaux, lavis d'encre et or sur papier, chaque paravent 170 x 370 cm.
Los Angeles, County Museum of Art, collection d'Etsuko et Joe Price.

Artiste d'une grande versatilité et d'une énergie peu commune, il se chargea, en 1787 (et sur plusieurs mois), d'une importante commande à destination de trois temples, Sōdōji, Muryōji et Jōjuji, au sud de la province de Kii (actuelle préfecture de Wakayama). Ce projet monumental – cent quatre-vingts panneaux coulissants – est un florilège des nouvelles interprétations (souvent spirituelles) que Rosetsu a tirées des motifs empruntés au répertoire d'Okyo. Sa fascination pour la perspective scientifique et son utilisation du style « désossé » (*mokkotsu*) révèlent l'influence d'Okyo, mais il utilise souvent ces procédés à des fins très différentes. Si Okyo tirait fierté de son détachement scientifique, Rosetsu prend un plaisir enfantin à surprendre et amuser l'observateur. Le jeu malicieux de distance et d'identification, caractéristique de plusieurs de ses œuvres, est quelquefois obtenu par la juxtaposition inattendue du familier et de l'exotique, du grand et du petit (ill. 52). Rosetsu a connu un grand succès chez les citadins de Kyoto.

LA RENAISSANCE YAMATOE

L'incendie de 1788 détruisit non seulement le palais impérial, mais aussi les résidences et les ateliers de plusieurs grands artistes de la capitale, imprimant du même coup un tournant décisif dans la vie culturelle de la ville. Le palais fut reconstruit et décoré à neuf en 1789-1790, au moment même où plusieurs années de mauvaises récoltes, accompagnées d'une inflation catastrophique des prix, provoquaient des émeutes et des troubles dans tout le pays. Pour améliorer les conditions générales d'existence, le premier conseiller du

shogunat, Matsudaira Sadanobu (1758-1829), promulgua une série de réformes sociales et économiques connues sous le nom de « réformes Kansei », d'après l'ère de leur promulgation. Ces mesures furent impuissantes à estomper l'idée répandue que le shogunat était devenu corrompu et inefficace et elles ne réussirent pas à enrayer l'idée que seul le retour aux valeurs fondamentales du passé pourrait redonner à la nation son armature morale.

Les artistes locaux participèrent à la décoration du palais comme ils ne l'avaient jamais fait auparavant, soulignant ainsi les changements survenus dans les relations entre Kyoto et Edo. Depuis les premières années de la période Edo, la tâche de peindre les panneaux coulissants dans les trois grands palais impériaux avait été confiée à des artistes de la branche d'Edo de l'école Kano, avec l'aide d'artistes des écoles Kano et Tosa locales. En 1789, toutefois, Sadanobu, qui était le maître des travaux, accepta la requête de l'empereur Kōkaku demandant que le palais fût reconstruit en style de la période Heian. Les deux principaux bâtiments pour les cérémonies furent donc décorés selon d'anciens modèles par des artistes Kano et Tosa. Sur le demande de Kōkaku, on confia la décoration d'un troisième palais à des peintres Maruyama-Shijō. (L'ensemble palatial a de nouveau été détruit en 1854.)

Le style Heian choisi pour les deux bâtiments principaux du palais reflétait le goût croissant pour le passé national, centré sur la glorification de l'institution impériale et de son héritage culturel. Ce mouvement était mené par les intellectuels nationalistes de la Science nationale (*Kokugaku*), dont l'étude des œuvres associées à la noblesse Heian, comme le *Conte de Genji*, contribua à raviver l'intérêt pour l'histoire et la littérature japonaises. Ces efforts universi-

53. Ukita Ikkei
(1795-1859).
*Contes d'un étrange
mariage* (*Konkai zoshi*),
décennie 1850. Rouleau
à main, encre et pigments
minéraux sur papier,
30 x 780 cm.
New York, Metropolitan
Museum of Art.

Ce rouleau narratif dépeint
les préparatifs pour les
fiançailles d'un renard et
d'une renarde. L'éclat des
pigments minéraux
et le style pictural sont
des références visuelles aux
Miracles du sanctuaire
de Kasuga, rouleau à main
réalisé par un peintre
de cour du XIVᵉ siècle.

taires pour retrouver les éléments proprement nippons dans les œuvres littéraires encouragèrent aussi les peintres à rechercher et à copier les peintures des périodes Heian et Kamakura, adaptant leurs enseignements à la création d'œuvres originales. La renaissance Yamatoe (*Fukko Yamato-e*), nom sous lequel ce mouvement est aujourd'hui connu, proclamait clairement ses dettes envers les sujets, les styles et les couleurs du classicisme japonais.

L'étonnant mélange que l'on trouve chez Ikkei, combinant le goût de l'ancien et la réinterprétation satirique de thèmes consacrés par le temps, révèle une ambiguïté sociale et esthétique largement répandue chez les artistes des vingt-cinq dernières années du régime Tokugawa. Cette qualité donne, par exemple, à ses *Contes d'un étrange mariage* (*Konkai zoshi*) un sel tout particulier (ill. 53). Les peintures n'étant accompagnées d'aucun texte explicatif, il n'est pas aisé de démêler la pure plaisanterie de la satire. Les représentations d'animaux, d'insectes et de créatures imaginaires engagés dans des activités humaines ont été communes, dans les arts du XIXᵉ siècle, et beaucoup détenaient une signification politique cachée. On pensait jadis qu'Ikkei avait peint ce rouleau en guise de commentaire sur les fiançailles célébrées en 1858 entre la princesse Kazu, sœur de l'empereur Kōmei (règne de 1846 à 1867), et le quatorzième shogun Iemochi (1846-1866). Ce mariage entrait dans le cadre des efforts déployés par le shogunat pour aplanir les relations avec les partisans d'un mouvement pro-impérial, de plus en plus puissant. Certains spécialistes ont récemment mis en cause cette interprétation, mais il est certain que plusieurs des œuvres d'Ikkei ont des connotations politiques évidentes. Du reste, son engagement dans le parti pro-impérial, à Kyoto, finit par entraîner son arrestation et son exécution.

Au cours de la décennie qui ouvre le XIXᵉ siècle, la conscience artistico-historique stimulée par la reconstruction du palais impérial, en 1789, s'était répandue de Kyoto aux autres cités, touchant des artistes d'une très grande variété. Ceux de la renaissance Yamatoe cherchaient, par leur étude de la peinture classique, à comprendre et ranimer la vie et les valeurs de l'ancien Japon ; d'autres s'intéressaient aux peintres japonais des époques plus récentes, comme Kōrin ; d'autres, enfin, cherchaient à combiner l'étude des antiquités chinoises et japonaises. Ces développements contribuèrent à faire grandir le sens de l'identité artistique nationale qui allait s'épanouir et se cristalliser au cours de l'ère Meiji.

CHAPITRE III

LES ARTISTES D'EDO

54. Tōshūsai Sharaku
(actif 1794-1795).
*Nakamura Konozō jouant
le batelier Kanagawaya no
Gon et Nakajima
Wadaemon jouant Bodara
no Chozaemon*,
1794-1795. Estampe à la
planche de bois,
de format *ōban*.
Londres, British Museum.

Dans ce magistral portrait
de deux personnages
secondaires, tirés de l'un
des drames de vendetta
des frères Saga, Sharaku a
mis en relief le contraste
peu flatteur du physique
et des personnages des
deux acteurs.

À Edo comme à Kyoto, l'évolution de l'art a épousé étroitement les expériences de la vie urbaine. Le shogunat, qui
avait fait de la cité son quartier général administratif et
politique, cherchait à renforcer son contrôle culturel sur une population vaste et hétérogène, en adoptant et promouvant des formes d'art
qui appuyaient son idéologie. Cependant, ces efforts ne rencontrèrent que des succès limités : l'art est, par nature, une activité de
« liaison » permettant aux individus de se construire des identités en
fonction d'affinités électives ; à Edo comme dans d'autres villes, les
rapports entre les classes s'épanouirent malgré la hiérarchisation officielle de la société que le shogunat entendait imposer. Les énergies
créatrices libérées par ces mélanges sociaux donnèrent leur expression plus éloquente avec les estampes gravées sur planche de bois.

Lorsque Ieyasu fit d'Edo son quartier général, en 1603, l'agglomération avait presque l'allure d'un village des marais. En l'espace
d'un siècle, elle devint la plus grande ville du monde, grâce à une
concentration de pouvoirs politiques, militaires et économiques
comme le Japon n'en avait jamais connu (ill. 55). Malgré la force de
cette explosion, la ville souffrait d'emblée de son absence d'ornements culturels : au XVIIᵉ siècle et au début du XVIIIᵉ, les marchandises de luxe – soieries, laques, céramiques et peintures – devaient
être importées de Kyoto, habituellement par le port d'Osaka. Cette
arriération culturelle se reflétait dans une expression péjorative de
l'époque, *kudaranai*, qui décrivait un produit de si mauvaise qualité
que l'on ne pouvait même pas le vendre à Edo !

La capitale shogunale chercha d'abord à rivaliser dans le domaine
culturel avec Kyoto et Osaka, en s'appropriant les écoles Kano et
Tosa, mais les formes d'expression artistiques ainsi sanctionnées
furent bientôt déclassées par de nouvelles, créées pour les marchands, les artisans et les samurais de rang inférieur, et financées par

55. Plan d'Edo, avec les principales curiosités mentionnées dans le texte.

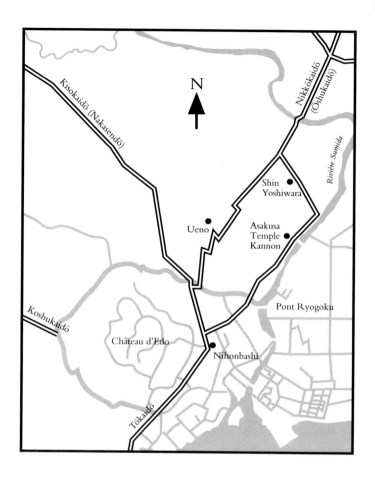

ceux qui constituaient la majorité de la population. Tandis que les peintures, les céramiques, les laques et les tissus figuraient au cœur même de la vie artistique de Kyoto, les estampes à la planche de bois et les livres illustrés ont été les pierres angulaires de l'art d'Edo, dépassant tous les autres supports artistiques par leur nombre, leur variété, leur popularité et leur importance socio-économique. Les estampes ont été à ce point identifiées à la ville qu'on les appelait couramment *Edoe*, « peintures d'Edo », ou *Azuma nishikie*, « peintures de brocart oriental » (Edo étant dans le Kanto, ou région est du pays). Les estampes saisissent mieux que tout autre support artistique les traits caractéristiques de la culture d'Edo : amour de la virtuosité, nouveauté et esprit, à quoi s'ajoute, dans les dernières années du shogunat Tokugawa, une satire sociale et politique fort imaginative.

La production artistique d'Edo ne s'est pourtant pas limitée aux estampes. La plupart des dessinateurs de motifs sur bois étaient aussi d'habiles peintres – mais la peinture tendait à séduire une clientèle plus riche et son marché était plus limité que celui des estampes, dont un tirage à succès pouvait atteindre plusieurs milliers d'exemplaires. Même si les peintres des écoles Kano et Tosa – et, à un moindre degré, Rinpa et Lettrée – prospéraient à Edo, ils ne réussirent jamais à captiver les espoirs et les rêves du public comme leurs collègues *ukiyoe*. Selon une épigramme du XVIIIe siècle, « ni Kano ni Tosa ne savent peindre la rue principale à Yeshiwara ».

Lorsqu'on fit le plan d'Edo, on le conçut comme une spirale avec un château au centre, d'où « émanaient » les routes et les canaux partant vers les divers points de l'horizon. Les collines fraîches des alentours, à l'ouest du château (la « Ville Haute » ou *Yamanote*), étaient réservées aux daimyos et à leur suite, tandis que les zones basses et moins salubres de l'est (la « Ville Basse », ou *Shitamachi*) étaient attribuées aux marchands et aux artisans (ill. 55). Malgré cette législation ségrégative en fonction de la classe ou de la profession, et en dépit des lois somptuaires visant à maintenir des distinctions obligatoires entre les demeures des différentes classes, la richesse croissante des marchands et des artisans entraîna des schémas résidentiels moins clairement définis que prévu. Ce phénomène se traduisit par un certain estompage des distinctions sociales. Les nécessités pratiques de la vie quotidienne en ville – et surtout le besoin d'accéder commodément aux services et aux biens – accélérèrent également le développement de faubourgs très mélangés où les résidents pouvaient commodément acquérir tout ce dont ils avaient besoin.

La séparation entre les samurais et le reste des citadins tendit à disparaître après l'incendie de 1657, qui détruisit les deux tiers de la ville et provoqua plus de cent mille morts. Conformément aux nouveaux plans du shogunat, plus pragmatiques, les daimyos et leur suite furent invités à reconstruire leurs résidences en divers lieux de la ville ; les sanctuaires, les temples et même le nouveau quartier réservé « officiel » furent repoussés au-delà des anciens faubourgs. Toutefois, les *chōnin* continuèrent de vivre dans Shitamachi, avec son tissu serré de maisons de bois plates pourvues de terrasses, parcouru par un réseau dense de canaux et de ponts ; là vibrait le cœur vigoureux de l'art et du commerce d'Edo.

56. Robe (*juban*) décorée de scènes de la ville d'Edo, milieu du XIXe siècle. Broderie de fil de coton sur tissu de coton gris uni, 140 x 120 cm. Musée national d'Histoire japonaise, collection Nomura.

La décoration de cette robe d'homme incorpore les principales curiosités d'Edo : on y voit le château et le mont Fuji au lointain, tandis que le cortège d'un daimyo se déroule sur les épaules et les pans. Au milieu se trouve Nihonbashi (le « pont japonais »), point de départ de toutes les routes sortant de la ville. La Sumida, principal cours d'eau de la ville, domine la partie inférieure de la scène.

Le château d'Edo, centre officiel de la ville, était un ensemble colossal dont le terrain principal couvrait environ quatre-vingt-dix hectares, zone assez vaste pour abriter deux cent soixante daimyos et cinquante mille soldats en cas d'attaque. En raison de l'échelle et du coût des travaux, les opérations de remaniement et d'agrandissement de la structure préexistante durèrent trente ans. Jusqu'à sa destruction par le feu, en 1657, le donjon de cinq étages, haut de 58,4 mètres et culminant à 84 mètres au-dessus du niveau de la baie, constitua un repère qui n'avait pour rival que la silhouette du mont Fuji, à 62 kilomètres au sud-ouest de la ville. Les douves en spirale qui entouraient le château rejoignaient l'estuaire de la Sumida, l'une des trois grandes voies d'eau de la ville.

57. Torii Kiyonaga
(1752-1815).
Prendre le frais sur les bords de la Sumida,
v. 1784-1785. Diptyque d'estampes à la planche de bois, de format *ōban*.
Londres, British Museum.

Kiyonaga s'est spécialisé dans les diptyques et les triptyques montrant de jeunes beautés habillées à la dernière mode, sur fond de paysage urbain d'Edo. L'arrière-plan est ici la Sumida, sur la rive de laquelle on aperçoit, de l'autre côté, des restaurants et des entrepôts.

Cette rivière était à la fois le lien physique et le lien symbolique entre les deux pôles de la vie culturelle de la ville : le château d'Edo (*Edojō*), où résidaient le shogun et son entourage, et le « château des nuits blanches » (*Fuyajō*), où vivaient les célèbres courtisanes (ill. 57). Le premier quartier réservé établi par le gouvernement était situé dans le centre de la ville, dans une zone marécageuse appelée Yoshiwara, à l'est de Nihonbashi (le « pont japonais »), ce pont central qui semblait le point de départ du Tōkaidō et de toutes les grandes artères partant de la ville (ill. 58). Après l'incendie de 1657, le quartier des plaisirs fut déplacé dans les faubourgs nord-est, à quelque cinq kilomètres de Nihonbashi et désigné sous le nom de

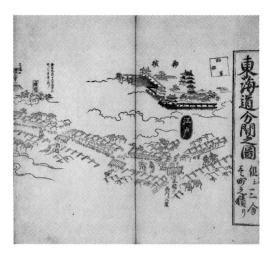

58. Hishikawa Moronobu. *La forteresse d'Edo et la route Tōkaidō*, tiré d'*Une carte du Tōkaidō avec les distances* (*Tōkaidō bunken ezu*), 1690 (détail). Livre imprimé à la planche de bois, 26 x 13 cm. Santa Monica (Cal.), collection Ravitz.

Le guide de Moronobu a la forme d'un livre pliant, format bien adapté aux besoins des voyageurs. Cette section présente les trois premières étapes du Tōkaidō : Nihonbashi, le traditionnel point de départ, suivi de Kyobashi et de Shinbashi. La forteresse shogunale est en haut, à droite.

Shin Yoshiwara (le « Nouveau Yoshi-wara »). Les frontières de ce nouveau quartier étaient nettement marquées par des murs et un fossé ; l'entrée se faisait par une seule porte, ce qui permettait de contrôler facilement les mouvements des visiteurs et des résidents. En raison de sa distance par rapport au centre de la ville, les visites à Shin Yoshiwara devinrent de véritables sorties ; on ouvrit des restaurants et des maisons de thé sur les rives de la Sumida, car le déplacement se faisait habituellement en bateau.

Bien que le gouvernement décourageât la frivolité et le divertissement, les samurais recherchaient fréquemment les distractions et les plaisirs sensuels du quartier réservé, afin d'oublier les responsabilités et la routine de la vie officielle. Dans le château du shogun comme dans les demeures des daimyos, les activités étaient réglées par une étiquette et des rituels précis, où chaque détail était fixé en fonction du poste détenu et du rang social officiel. À l'inverse, dans le Shin Yoshiwara, la société – sans perdre tout repère de rang et de classe – transcendait les hiérarchies artificielles et reconnaissait les mérites, où qu'ils fussent. C'est dans ce cadre, où le goût et l'argent l'emportaient sur le statut social, que les efforts du gouvernement pour imposer une culture uniforme rencontrèrent les obstacles les plus sérieux.

Les théâtres de kabuki autorisés étaient commodément situés dans le quartier des affaires, près de Nihonbashi, où ils étaient aussi accessibles par bateau. Toutefois, en 1841, après la destruction de cette zone par un incendie, les théâtres furent réinstallés dans le voisinage du temple Asakusa, l'un des centres d'activités culturelles les plus vivants de la cité. Le shogunat dirigeait de près les activités des théâtres de la ville et de ses alentours immédiats : la taille, la disposition et le nombre des théâtres faisaient l'objet de prescriptions ; les pièces étaient passées au comité de censure ; on interdisait aux acteurs de se costumer en dehors de la scène, car ils attiraient par trop – apparemment – l'attention amoureuse du public féminin. En 1714, le Yamamuraza, l'un des quatre grands théâtres de la ville, fut définitivement fermé parce que l'on avait découvert une liaison entre un acteur de renom et une dame de compagnie de la mère du shogun.

La plupart des artistes de la ville, y compris les peintres officiels de l'école Kano, vivaient dans Shitamachi. Les dessinateurs, écrivains et éditeurs d'estampes et de livres illustrés habitaient à proximité de Nihonbashi, c'est-à-dire au plus près de la clientèle des théâtres et des lieux de divertissement. Beaucoup d'albums, de livres et d'affiches représentent les acteurs dans leur rôle-vedette étaient publiés de connivence avec ces théâtres. Au XIXᵉ siècle, cependant, les éditeurs spécialisés dans la vente de « souvenirs » aux touristes allèrent s'installer le long des itinéraires de raccordement aux deux itinéraires principaux qui reliaient Edo à Kyoto : le Tōkaidō et le Kisokaidō.

L'ÉCOLE KANO ET LE DOMAINE DES ARTISTES OFFICIELS

Le patronage d'artistes sélectionnés et l'institutionnalisation des contenus expressifs et symboliques de leurs travaux, selon un canon obéissant à une rigide hiérarchie, a été l'une des pièces maîtresses de la stratégie gouvernementale des Tokugawa. De nombreux artistes recevaient de temps en temps des commandes du shogun ou des daimyos, mais ceux qui bénéficiaient du statut d'artistes officiels étaient peu nombreux. Conformément aux efforts des Tokugawa pour renforcer leur crédit par l'association avec des souverains du passé, ces artistes appartenaient à d'anciennes lignées jadis patronnées par les shoguns Ashikaga. On y trouvait des peintres des écoles Kano et Sumiyoshi, qui décoraient châteaux, palais et temples, assuraient l'enseignement de la peinture et servaient d'experts officiels ; des armuriers de la famille Gotō, qui fournissaient les épées et battaient les armures et les harnais ; des laqueurs des familles Igarashi et Kōami. On confiait à ces derniers des commandes allant du décor laqué des demeures féodales et des mausolées Tokugawa à la création de mobilier laqué pour les trousseaux de mariage (ill. 59).

Les artistes officiels tendaient à privilégier la tradition sur l'innovation, qualité qui plaisait à l'élite dirigeante, mais leur profession exigeait d'eux des adaptations continuelles, pour suivre au plus près l'évolution des goûts et des mœurs. Leurs relations avec les commanditaires n'étaient pas toujours faciles, car la bureaucratie qui supervisait leurs activités n'était pas nécessairement sensible aux affaires esthétiques. Le sui-

59. Kōami Nagashige (1599-1651) Ensemble de trousseau *hatsune*, v. 1637-1639. Laque sur bois, avec or, argent et corail. Nagoya, musée d'art Tokugawa.

Cet ensemble d'étagères et de coffrets pour les accessoires cosmétiques fait partie d'un somptueux trousseau de fiançailles, préparé pour la fille aînée du troisième Tokugawa, Iemitsu. La décoration, inspirée du *Conte de Genji*, comporte aussi la triple feuille de paulownia, emblème de la famille du fiancé, qui appartenait également à l'une des branches de la famille Tokugawa.

cide de Kano Yūsen (1778-1815) illustre dramatiquement cet état de fait : il avait été accusé à tort de frauder le gouvernement sur la quantité d'or utilisée pour les fonds de ses peintures. Cette protestation extrême contre la rigidité de la bureaucratie shogunale resta, toutefois, exceptionnelle.

L'école Kano offre un excellent exemple des structures d'organisation, des méthodes d'entraînement et des principes esthétiques des artistes officiels. À Edo, elle se partageait en quatre écoles, connues d'après le lieu de leur implantation : Kajibshi, Nakabashi, Kobikichō et Hamachō. Elles avaient été fondées dans les premières années du gouvernement Tokugawa par Tan'yū, ses frères Naonobu (1607-1650) et Yasunobu (1613-1695), et par le petit-fils de ce dernier, Minenobu (1682-1709). Les chefs successifs de ces écoles étaient nommés « artistes de l'Intérieur » (*oku eshi*), ce qui leur conférait héréditairement le titre de samurai et le droit à pension. Les artistes de l'Intérieur devaient présenter leurs travaux au shogun une fois par mois, à jour fixé.

Les « artistes officiels » (*omote eshi*), qui formaient seize ateliers fondés par les fils cadets, et d'autres membres de l'école Kano étaient assujettis aux mêmes obligations que les artistes de l'Intérieur : les directeurs des ateliers recevaient des commandes shogunales, mais ne bénéficiaient pas des mêmes droits héréditaires. L'échelon suivant, dans la hiérarchie, était occupé par les différentes branches de l'école Kano entretenues par les daimyos à Edo et dans leurs domaines. Enfin, à Edo comme à Kyoto, on notait aussi de nombreux peintres estampillés « Kano de secteur », formés dans les ateliers Kano mais dépourvus de l'autorité suffisante pour signer et sceller leurs œuvres du nom de Kano. Certains de ces peintres non officiels compilaient des livres de modèles Kano, contribuant ainsi à diffuser les sujets et les canons esthétiques de l'école à l'échelle du pays tout entier.

La structure hiérarchique de l'école Kano assurait son autorité et sa stabilité artistique ; accentuant la suprématie de la pratique et de l'application, elle maintenait facilement la tradition d'une génération à l'autre. Le plus jeune frère de Tan'yū, Yasunobu, a parfaitement exposé ce point de vue dans ses *Secrets de l'art de peindre* (*Gadō yōketsu*) : il y déclare sans ambiguïté que les artistes qui parviennent à la maîtrise par une pratique assidue sont supérieurs à ceux qui n'ont que le talent inné. Si les voix dissidentes étaient rares parmi les disciples de l'école Kano, les peintres Lettrés, qui soulignaient l'importance de l'expression personnelle, critiquaient violemment cette approche académique.

Durant les intenses activités de construction du gouvernement Tokugawa, Kano Tan'yū, premier peintre officiel du shogun, supervisa la décoration des châteaux d'Osaka, de Nijō et de Nagoya (ill. 5), du mausolée Tokugawa de Nikkō et des divers palais du château d'Edo. Il disposait, pour ses services, d'une demeure proche du château, à Kajibashi, et jouissait d'une pension annuelle de deux cents *koku* (le *koku* étant une mesure de riz équivalant à 185 litres, ration supposée suffisante pour nourrir une personne pendant un an). Après le milieu du XVIIe siècle, une fois cette période fébrile de construction et de décoration terminée, les activités de l'école Kano se tournèrent vers la création de paravents et de rouleaux verticaux, sous la forme de diptyques ou de triptyques représentant la flore et la faune, que l'on pouvait exposer dans les grands *tokonoma* (salles d'audience) ou utiliser comme cadeaux officiels (ill. 60). L'adhésion stricte des artistes Kano aux modèles consacrés, jalousement gardés comme éléments du capital artistique des ateliers, assurait la transmission des sujets et des styles d'une génération à l'autre (ill. 24). Bien que des parties du château aient été détruites lors des incendies périodiques qui ravageaient la ville, on estime que les esquisses préparatoires faites par Kano Seisen'in (1796-1846) sont fidèles aux schémas de composition développés par Tan'yū deux siècles auparavant.

Les peintres talentueux qui cherchaient conseils et formation dans les ateliers Kano, tout en refusant de sacrifier leur style personnel, fondaient ensuite leurs propres ateliers. Parmi ces derniers, Kusumi Morikage (actif de 1634 à 1697) et Hanabusa Itchō (1652-1724) ont été les plus en vogue. Morikage, l'un des meilleurs disciples de Tan'yū, affectionnait les paysages et les scènes de genre peints à l'encre et aux couleurs légères, avec une délicatesse de touche assez rare pour des œuvres de l'école Kano. Les scènes souvent humoristiques signées Itcho, représentant d'humbles activités, reflètent une

60. Kano Tsunenobu (1636-1713).
Dragons montant et descendant. Deux éléments d'un ensemble de trois rouleaux verticaux, encre et couleurs légères sur papier, chaque rouleau de 113 x 51 cm.
Nagoya, musée d'art Tokugawa.

Peints dans le style de l'école Kano, ces rouleaux étaient destinés à être accrochés dans le *tokonoma* du *shoin*.

sensibilité proche de la poésie *haikai*, dont il était aussi un auteur accompli (ill. 61). Itchō eut également « l'honneur » d'être l'un des premiers artistes d'Edo envoyés en exil par le shogunat : il fut puni en compagnie de l'estampiste Kaigetsudō Ando pour sa participation, en 1714, à une intrigue amoureuse entre une dame d'honneur de la mère du shogun et un acteur kabuki du théâtre Yamamuraza.

Les peintres qui servaient le shogun et les daimyos n'appartenaient pas tous aux écoles Kano ou Sumiyoshi. Au début du XVIIe siècle, le petit-fils de Tokugawa Ieyasu, Matsudaira Tadanao, seigneur de la province d'Echizen, fit venir de Kyoto le peintre Iwasa Katsumochi (1578-1650). Plus connu sous le nom de Matabei, Katsumochi était le fils d'un seigneur féodal dont la famille avait été anéantie par Oda Nobunaga en 1579. Matabei fut appelé à Edo pour peindre des pièces du trousseau de la fille de Tokugawa Iemitsu.

Quoique formé aux écoles Kano et Tosa, Matabei était un artiste éclectique. Célèbre après sa mort sous le surnom populaire d'« Ukiyo Matabei », il passa longtemps pour le créateur des *ukiyoe*. Les problèmes d'attribution sont nombreux, mais son nom demeure étroitement lié à plusieurs rouleaux de peinture narrative qui présentent des personnages au long visage, aux pommettes bouffies, comme dans l'*Histoire de Yamanaka Tokiwa*, illustrée ci-contre (ill. 62). Le mélange de noblesse et de cruauté, la glorification des combats et l'oppression des femmes sont des thèmes qui anticipent les tendances des bois gravés du XIXe siècle.

61. Hanabusa Itchō (1652-1724).
Conduire un cheval dans la lumière du matin, début du XVIIIe siècle. Rouleau vertical, encre et couleurs sur papier, 31 x 52 cm. Tokyo, Seikado Bunko Art Museum.

L'ÉVOLUTION DES ESTAMPES, 1660-1760

Après l'incendie de 1657, alors que les habitants d'Edo reconstruisaient leur environnement conformément aux exigences pratiques de la vie quotidienne, les artistes reconstruisirent aussi la ville de leur imagination. Les livres d'estampes au pochoir et les estampes isolées devinrent les principaux outils de ce processus. La vision artistique des éditeurs, des dessinateurs et des écrivains collaborant à la création de ces œuvres modelaient et reflétaient tout ensemble le sens croissant que la capitale des shoguns avait de son identité culturelle.

À la différence des peintures, les estampes pouvaient être produites rapidement, à bon marché et en grand nombre, ce qui leur permettait d'épouser au plus près la mode et les mots d'ordre politiques. Les prix variaient en fonction de la taille et de la qualité, mais au milieu du XIXe siècle, le coût d'une estampe isolée était le même que celui d'un bol de nouilles, plat habituel des gens du peuple. On pouvait s'en procurer auprès des marchands ambulants, ou directement chez les éditeurs, tels que Nishimura Eijūdō (ill. 20). On les collait sur les murs ou les panneaux coulissants, en guise de décoration intérieure. À partir de la fin du XVIIIe siècle, on prit aussi l'habitude de les ranger dans des boîtes ou de les monter en albums, afin de les compulser à loisir.

Les premières estampes étaient des illustrations noir et blanc destinées aux livres nouveaux qui visaient à satisfaire la demande croissante d'un public de plus en plus cultivé. On y trouvait des romans, des contes surnaturels et des histoires humoristiques transcrites en écriture syllabique facile à déchiffrer (*kana*), plutôt qu'en caractères chinois (*kanji*) ; des guides touristiques pour visiter les curiosités de

62. Iwasa Matabei
(v. 1578-1650).
Histoire de Dame Tokiwa
(détail). Rouleau à main,
encre, couleurs et or
sur papier, haut. 34 cm.
Atami, MOA Museum
of Art.

Ce rouleau narratif, traité
aux pigments minéraux
rehaussés d'or, raconte
l'histoire du meurtre de
Dame Tokiwa à
Yamanaka, dans le
province de Mino et
de la vengeance de son
fils, Yoshitsune.

Kyoto, Osaka et Edo ; des écrits satiriques stigmatisant les acteurs et les courtisanes. Hishikawa Moronobu (1618-1694) est le premier à avoir signé ses estampes : libérant du même coup ces œuvres de leur statut secondaire d'illustrations, il est souvent considéré comme le père du genre *ukiyoe*.

Comme la plupart des grands artistes du XVIIe siècle, Moronobu n'était pas né dans ce métier. Il quitta sa demeure provinciale et la profession de brodeur qui était celle de sa famille pour chercher fortune dans la grande ville, vers 1660. Il y reçut sans doute pendant quelque temps une formation aux styles Kano et Tosa. L'habileté qu'il y acquit à traiter la complexité des groupes de personnages et des relations spatiales est manifeste dans une paire d'écrans montrant les coulisses d'un théâtre kabuki (ill. 12). Outre son activité de peintre, Moronobu illustra plus de cent cinquante livres traitant de nombreux sujets, dont des guides pour le quartier de Yoshiwara et pour la route de Tōkaidō (ill. 58). Figure aussi à son répertoire un grand nombre d'estampes érotiques, dans lesquelles les activités amoureuses ont pour toile de fond les allusions aux aventures et aux saisons généralement associées à la littérature classique (ill. 63).

L'influence de Moronobu dépassa bien vite les limites de son atelier pour s'étendre aux écoles de Torii Kiyonobu (1664-1729) et de Kaigetsudō Ando (actif de 1704 à 1714). La filiation est évidente dans la clarté linéaire de leurs dessins. Toutefois, à la différence de Moronobu, Kiyonobu et Ando ont surtout concentré leurs talents de peintre et d'estampiste sur des compositions à un seul personnage, représentant l'un ou l'autre des symboles de la culture d'Edo : l'acteur kabuki et la courtisane.

Né à Osaka, fils d'un acteur et peintre d'affiche, Torii Kiyonobu vint s'installer à Edo en 1687, où il commença de produire des estampes représentant des jolies femmes et – en plus grand nombre – des acteurs dans leur rôle dramatique. Il dut son succès non seulement à son habileté artistique, mais aussi à son association avec l'étoile montante du kabuki Ichikawa Danjūrō II, qui popularisa le jeu *aragoto* (« style rude ») que le public d'Edo trouvait si séduisant (ill. 64). Spécialisés dans les portraits d'acteur, Les artistes de son école adoptèrent, par la suite, les stéréotypes figuratifs

63. Hishikawa Moronobu (?1618-1694).
Amants sous une moustiquaire, v. 1680.
Estampe monochrome à la planche de bois, 30 x 35 cm.
Hawaii, Honolulu Academy of Art, collection Michener.

Cette estampe monochrome est une feuille d'un album érotique (*shunga*), genre pratiqué par plusieurs artistes d'Edo.

64. Torii Kiyonobu II
(actif v. 1720-1760).
*L'Acteur Ichikawa Danjūrō
II dans le rôle
de Soga Gorō*, v. 1735.
Estampe à la planche
de bois, 32 x 15 cm.
Allemagne, collection
Geyger.

Danjūrō II joue ici un rôle
aragoto célèbre, tiré de
*La Revanche des frères
Saga*, un grand classique
du répertoire kabuki.
L'expression déformée du
visage et la taille de la
flèche qu'il aiguise sont
chargés de traduire
visuellement la fureur du
jeune Soga Gorō et sa
détermination à venger le
meurtre de son père.

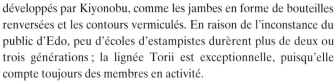

65. Kaigetsudō Dōhan (actif dans la décennie 1710).
Beauté lisant une feuille de poème, v. 1714. Estampe monochrome à la planche de bois, 59 x 32 cm. Tokyo, Musée national.

La pose maniérée de cette beauté imposante a été reprise dans de nombreuses peintures et estampes par des membres de l'école Kaigetsudō, pour faire ressortir la somptueuse décoration des vêtements.

développés par Kiyonobu, comme les jambes en forme de bouteilles renversées et les contours vermiculés. En raison de l'inconstance du public d'Edo, peu d'écoles d'estampistes durèrent plus de deux ou trois générations ; la lignée Torii est exceptionnelle, puisqu'elle compte toujours des membres en activité.

Au moment où Torii Kiyonobu popularisait les stéréotypes de l'acteur *aragoto*, son contemporain Kaigetsudō Ando et ses disciples Anchi, Dōhan et Doshin développaient une vision aussi influente de la beauté féminine. Aussi habiles dans la peinture que dans l'estampe, ils se spécialisèrent dans la représentation de beautés robustes parées de vêtements somptueux (ill. 65). L'allure majestueuse de ces femmes idéalisées est rehaussée par le format inhabituellement grand des tirages, qui peuvent couvrir une feuille et demie de papier. La publication de ces grands tirages fut sans doute stoppée par les édits somptuaires de l'ère Kyōhō (1716-1736), qui cherchaient à limiter les consommations de luxe trop ostentatoires.

Les réformes Kyōhō ont été les premières à tenter d'apaiser les troubles sociaux provoqués par les mauvaises conditions économiques. Comme les réformes Kansei de 1790 et les réformes Tenpō de 1840, ces programmes comportaient des directives pour l'industrie de l'édition – mais leur application était aléatoire. En fait, le gouvernement visait les livres et les estampes traitant des événements courants, spécialement ceux qui présentaient le shogunat sous un jour défavorable, les œuvres érotiques jugées nuisibles à la moralité publique et les éditions trop luxueuses. Les poursuites étaient plus vigoureuses à Edo, mais les éditeurs d'Osaka limitèrent d'eux-mêmes leurs activités, par crainte de punitions allant de la prison à l'exil, auxquelles se greffait la confiscation des biens.

Le levée de l'interdiction sur l'importation des livres étrangers, pourvu qu'ils ne continssent aucune information sur le christianisme, fit également partie des réformes Kyōhō. Destinée à promouvoir la science, cette politique se traduisit par la diffusion de livres illustrés chinois et européens, spécialement de ceux qui traitaient de science naturelle et de technologie. Ardemment étudiés par les savants et les artistes, ils ouvraient de nouvelles voies pour l'étude du monde physique.

Toujours désireux de satisfaire l'amour du public pour la nouveauté, les estampistes d'Edo répondirent à ces nouvelles sources d'inspiration en incorporant à leurs œuvres les techniques européennes d'illusionnisme. Okumura Masanobu (1686-1764) fut ainsi le premier à exploiter la perspective à l'occidentale, inaugurant un genre d'estampe intitulé *ukie*, « peinture flottante ». Ses *ukie* s'attachent aux lieux familiers d'Edo – intérieurs de théâtre, maisons de thé et bordels – mais emploient désormais, pour les représenter, des arrangements complexes de lignes verticales, horizontales et diagonales qui donnent l'illusion de la profondeur, leur insufflant du même coup une allure exotique qui séduisait le public japonais (ill. 66).

Les auteurs d'estampe n'avaient ni prétentions ni complexes sur leur statut d'artistes « commerciaux ». Leur mercantilisme apparaît dans les signatures « promotionnelles » et les inscriptions figurant sur beaucoup d'estampes. Masanobu, qui était à la fois – fait exceptionnel – artiste et éditeur, proclamait dans sa signature qu'il était à l'origine d'une école d'*ukiyoe* à Edo. Dans la marge de droite de l'estampe reproduite ci-contre, on voit qu'il a inclu la localisation et l'enseigne de sa boutique. Ainsi, les clients potentiels savaient où se procurer ses œuvres.

L'ÉVOLUTION DES ESTAMPES POLYCHROMES, 1765-1810

La publication de livres somptueux, aux frais des riches amateurs de nô et de littérature classique, avait fait revivre l'esthétique de cour devenue caractéristique de l'art de Kyoto. De la même façon, un siècle et demi plus tard, la publication d'estampes commémoratives par et pour les passionnés de poésie, à Edo, ouvrit la voie au plein développement des estampes polychromes, qui comptèrent désormais parmi les produits les plus célèbres de la ville. Ces estampes se firent connaître sous le nom d'*Azuma nishikie* (« peintures de brocart oriental »), un nom qui suggère qu'elles représentaient, pour la région du Kanto, l'équivalent des soieries multicolores qui faisaient la renommée de Kyoto.

Avec leur apparition, la technique de l'impression à la planche de bois atteignit son apogée. Des estampes à palette restreinte avaient déjà été réalisées dans les années quarante du XVIIIe siècle ; elles furent suivies, dans les années cinquante, d'estampes, en tri- et quadrichromie, mais il fallut attendre la seconde moitié du siècle pour voir des estampes à douze couleurs ou plus. Une planche était nécessaire pour chaque couleur ; la qualité technique venait de la perfection d'un système d'enregistrement des couleurs, par repérage de simples encoches sur chaque planche. La production supposait un effort collectif requérant l'étroite collaboration d'un artiste, d'un calligraphe, d'un graveur sur bois, d'un imprimeur et d'un éditeur. Ce

66. Okumura Masanobu (1686-1764). *Intérieur de maison close*, vers 1750. Estampe à la planche de bois, 31 x 45 cm. Allemagne, collection Geyger.

Cette scène est inspirée d'une pièce mettant en scène Umegae, une célèbre courtisane d'Edo : la légende voulait qu'en frappant un brasero de bronze, elle avait fait pleuvoir des pièces d'or pour venir en aide à un amant impécunieux.

dernier jouait un rôle essentiel pour la conception, le financement et la coordination de la production. Il devait aussi veiller à la vente et à la distribution.

La première tâche de l'éditeur était de choisir, à partir d'une esquisse fournie par l'artiste, le nombre de planches de bois de cerisier (épais) qu'il fallait acheter. Pour réduire les coûts de production, les planches étaient souvent gravées des deux côtés, de sorte qu'une estampe à dix couleurs (nombre assez classique) n'exigeait que cinq blocs. Puis le graveur réalisait la matrice en fixant le dessin de l'artiste sur la planche et en gravant le long des lignes tracées sur le papier ; il fallait graver une nouvelle planche pour chaque changement de couleur, en utilisant la matrice comme guide. On appliquait ensuite le pigment coloré sur chaque planche, avant de presser celle-ci sur la feuille à imprimer pour transférer le motif. Pour obtenir de luxueux effets de scintillement, on pouvait passer un léger film de colle sur la surface de l'estampe finie et la saupoudrer de la poussière de mica. Avec cette technique, les éditeurs du XVIIIᵉ siècle obtenaient environ deux cents tirages par planche ; au XIXᵉ siècle, les tirages d'un millier d'exemplaires n'étaient pas rares. Les estampes étaient généralement de deux tailles standard : les *ōban*, approximativement de 39 x 26 cm, et les *chūban*, sortes de demi-formats (approximativement 27 x 20 cm).

Les premières estampes colorées furent publiées en privé, sous le patronage des amateurs de poésies *haikai*, pour être présentées en cadeau, surtout au Nouvel An. Comme les coûts de production n'avaient alors pas d'importance, elles étaient réalisées sur du papier épais, de haute qualité, avec d'excellents pigments, et portaient de subtils dessins, incorporant souvent de fines allusions poétiques. Nombre d'entre elles se présentaient comme des calendriers qui dissimulaient avec habileté dans leur iconographie le nombre des jours de chaque mois, variant d'une année sur l'autre selon le système du calendrier périodique d'Edo. De cette façon, les éditeurs contournaient astucieusement le monopole gouvernemental sur la production des calendriers.

Pour une raison encore inconnue, l'année 1765 vit la publication d'un nombre étonnamment grand d'estampes-calendriers, la plupart dessinées par Suzuki Harunobu (1725-1770), un artiste très lié à l'un des principaux clubs de *haikai* d'Edo. Il sut si bien exploiter toutes les possibilités de la couleur que, de son vivant, les autres estampistes d'Edo fabriquèrent des faux imitant ses œuvres. De 1765 à sa mort, cinq ans plus tard, on estime qu'il produisit au moins un millier de dessins, figurant pour la plupart une ou deux jeune(s) beauté(s),

67. Nishikawa Sukenobu (1671-1750).
Jeune beauté à sa toilette (détail de l'ill. 1, page 9), première moitié du XVIIIᵉ siècle. Rouleau vertical, encre et couleurs sur soie, 85 x 44,5 cm. Atami, MOA Museum of Art.

Un visage rond au nez régulier, un corps souple et sensuel, sont les traits caractéristiques des portraits de femme de cet artiste de Kyoto. Les peintures et les illustrations de livre de Sukenobu reflètent les canons de la beauté féminine dans la région de Kyoto-Osaka.

sur un fond délicatement coloré ou rythmé de motifs, tirant le meilleur parti des progrès techniques de l'impression. Alors que Moronubu et les artistes de l'école Kaigetsudō avaient favorisé un style de beauté féminine assez robuste et majestueux, Harunobu adopta un type féminin à la fois plus fragile et plus « innocent » légèrement plus androgyne que le modèle choisi par Nishikawa Sukenobu (1671-1751 ; ill. 67). Harunobu, qui avait peut-être suivi l'enseignement de Sukenobu, fut le dernier estampiste d'Edo à suivre la leçon d'un artiste de Kyoto pour figurer de jolies femmes.

Ses quatre modèles favoris, Osen, Ofuji, Onami et Onatsu, étaient des beautés locales et non des courtisanes professionnelles. Osen travaillait comme servante à la maison de thé Kagiya ; Ofuji (ill. 68) vendait des cosmétiques dans une échoppe à proximité du temple d'Asakusa ; Onami et Onatsu étaient danseuses sacrées au sanctuaire de Yushiman Tenjin. Toutes les quatre sont pourtant figu-

68. Suzuki Harunobu (1724-1770).
Discussion à Asakusa, v. 1764-1770
Estampe à la planche de bois, de format *chūban*.
Londres, British Museum.

rées de façon assez semblable, de sorte que sans l'étiquette ou le contexte, il serait parfois difficile de les distinguer l'une de l'autre. La différence de sexe est également douteuse : s'il ne portait pas deux épées, le samurai admirateur d'Ofuji serait bien ambigu. Il est possible que cette androgynie ait été volontaire ; la prostitution masculine était répandue et les prostitués mâles adoptaient volontiers les costumes et les manières des femmes.

L'inscription figurant au-dessus d'Ofuji et de son amoureux indique *Discussion à Asakusa*, l'une des *Huit vues d'Edo à la mode ;* les amateurs y reconnaissaient immédiatement une adaptation moderne des *Huit vues des rivières Xiao et Xiang,* sujet chinois popularisé au Japon depuis le XIVe siècle. Les allusions à l'art classique étaient, depuis le début, des composantes essentielles dans le domaine des estampes. À Kyoto, la continuité artistique par rapport au passé était facilement visible et perceptible, mais à Edo, les artistes devaient rappeler au public cette continuité. Ils le faisaient en utilisant le procédé du *mitate* (« parodie »), par lequel on substituait à un sujet classique un « équivalent » contemporain, donnant ainsi à l'œuvre plusieurs niveaux d'interprétation.

L'idéal féminin vanté par Harunobu influença la production d'autres artistes, avant de céder la place, dans les années quatre-vingt du siècle, à un type de femme à la fois plus élancé et plus plein. Ces changements dans le physique s'accompagnèrent de bouleversements dans la coiffure et dans le style des vêtements, comme on le voit avec les modèles de Torii Kiyonaga et de son rival Kitagawa Utamaro (1753 ?-1806). Pour accentuer l'impression de taille, ces artistes figuraient des beautés vêtues d'habits à rayures verticales, ou bien décorés de motifs concentrés sur l'ourlet inférieur. À ces détails faisaient écho des coiffures plus élaborées, embellies de peignes et d'épingles souvent disposés en rayons (ill. 69).

69. Torii Kiyonaga (1752-1815).
Prendre le frais sur les bords de la Sumida,
v. 1784-1785 (détail du triptyque de l'ill. 57, page 92). Estampe à la planche de bois, de format *ōban.*
Londres, British Museum.

Harunobu avait représenté « ses » femmes idéalisées occupées à des activités banales, surveillant des enfants, lavant ou allumant une lanterne. Utamaro, lui, les place dans un cadre plus sophistiqué, en les investissant souvent d'un érotisme plus manifeste. Si ample que fût sa gamme de sujets, il savait explorer, avec un rare talent, la versatilité féminine, par de subtiles nuances de poses, de gestes, de costumes et – surtout – de physionomie (ill. 70). Du reste, il était moins intéressé par l'individu que par le type, approche du portrait inspirée d'une pseudo-science chinoise assez proche de la phrénologie. Ses études à mi-corps ont néanmoins apporté, dans l'art d'Edo, une expressivité nouvelle pour la représentation des femmes.

Utamaro a été l'un des artistes les plus constants dans « l'écurie » de Tsutaya Juzaburō (1748-1797), plus connu sous le nom de Tsutajū, grand patron de l'édition à Edo dans les années quatre-vingt et quatre-vingt-dix. Sa librairie n'avait pour rivale que celle de Nishimura Eijudō, l'éditeur de Kiyonaga. Le cercle de Tsutajū incluait des hommes venus des classes de samurais et de *chōnin*, qui jetaient les fondements de plusieurs genres littéraires et artistiques dans ces mêmes années. On relevait parmi eux deux fonctionnaires du shogunat, Ōta Nanpo (1749-1823), influent poète *kyōka*, et Takizawa Bakin (1767-1848), auteur de romans historiques ; Santō Kyōden (1761-1816), auteur de nombreux romans populaires et dessinateurs d'estampes et d'illustrations sous le pseudonyme de Kitao Masanobu ; enfin Hiraga Gennai (1728-1780), pionnier des « études hollandaises » (*Rangaku*, en japonais) et auteur de romans et d'essais satiriques. L'impact de ces courants intellectuels et artistiques croisés est manifeste dans le sujet et le naturalisme des compositions d'Utamaro.

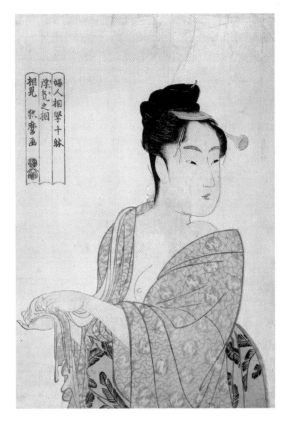

70. Kitagawa Utamaro (?1753-1806).
Le flirt, tiré de la série *Dix exemples de physionomie féminine*, v. 1792-1793. Estampe à la planche de bois, de format *ōban*. Londres, British Museum.

Comme le suggère le titre, cette jeune femme qui vient juste de sortir de son bain, sa robe de coton ne voilant qu'une partie de son corps, personnifie le flirt amoureux.

Tsutajū était étroitement lié à plusieurs de ses protégés. Bakin et Utamaro ont vécu un temps dans sa demeure. Membre actif de l'un des meilleurs cercles poétiques de Yoshiwara, Tsutajū aidait aussi « ses » auteurs à entretenir le réseau de patrons nécessaire à la publication de leurs œuvres. Le *Livre de peintures d'insectes choisis* (*Ehon mushi erabi*), par Utamaro, l'une des anthologies les plus luxueuses jamais publiées de vers *kyōka*, dans les années quatre-vingt, a brillamment couronné ces efforts (ill. 71).

Le *kyōka* (« vers fous ») est une forme de poésie qui parodie et actualise le *waka* du classicisme, à l'aide de traits et de pointes satiriques ; né dans la région de Kyoto-Osaka, ce genre n'a séduit qu'un nombre limité de pratiquants jusqu'à son introduction à Edo, où il devint, en revanche, immensément populaire, en développant de multiples interactions entre la littérature, les arts de la scène et les arts plastiques. Les sociétés de *kyōka*, qui recoupaient souvent celles des passionnés de kabuki, contribuèrent à faire croître une sensibilité esthétique propre à Edo, comme le *chanoyu* et les réunions de Lettrés l'avaient fait pour Kyoto. Des acteurs célèbres en furent membres, comme Danjūrō V, cinquième chef de la lignée Ichikawa,

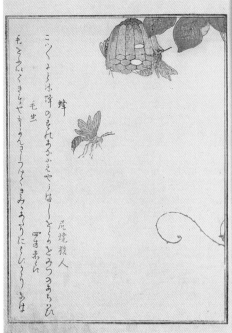

71. Kitagawa Utamaro (?1753-1806). Illustration du *Livre illustré d'insectes sélectionnés* (*Ehon mushi erabi*), 1788. Livre imprimé à la planche de bois, 27 x 18 cm. Londres, British Museum.

Le naturalisme de la représentation des fleurs, des oiseaux et des insectes par Utamaro souligne l'empirisme croissant des arts visuels, dans le dernier quart du XVIIIe siècle.

aussi à l'aise devant le public qu'une plume de poète à la main. Le *kyōka* était pratiqué par un grand nombres de raffinés (*tsū*) qui se réunissaient dans les maisons de thé de Yoshiwara et autres lieux de réjouissance, pour boire, manger et jouir de la compagnie des courtisanes à la mode. La préface au livre d'Utamaro révèle que l'idée d'une anthologie poétique combinant les thèmes de l'amour et des insectes est venue aux auteurs lorsque, rassemblés dans un restaurant au bord de la Sumida, ils entendirent le chant des criquets et des cigales. Le sujet de ces vers étant souvent scabreux, leurs auteurs n'étaient généralement identifiés que par des pseudonymes fantaisistes. Ainsi, le *kyōka* qui compare l'abeille en quête de miel à l'homme en quête de plaisir sexuel, accompagnant la représentation d'un nid de guêpes dans le *Livre de peinture d'insectes choisis*, est signé « l'homme-singe au cul brûlé » (*Shirikaye Sarundo*), pseudonyme de Sakai Hōitsu, second fils du daimyo de Himeji.

Les années soixante-dix et quatre-vingt du XVIIIe siècle, apogée de la vogue des sociétés de *kyōka*, ont été aussi l'âge d'or pour les passionnés de théâtre. Le nombre, la variété et la qualité des estampes d'acteur publiées durant des décennies témoignent de cet épanouissement. Les artistes de l'école Katsukawa, fondée par Shunsho (1726-1792), dominaient le genre, en représentant les acteurs à la mode non seulement sur la scène, mais aussi – et de plus en plus – dans les coulisses ou même dans leur vie privée. Shunshō a popularisé un mode de représentation plus réaliste, permettant aux spectateurs d'identifier les sujets sans recourir à des légendes. Nombre de ces estampes sont des portraits d'acteur à mi-corps, représentés dans une composition en forme d'éventail que l'on pouvait découper et monter sur un véritable éventail de papier. Il produisait aussi des estampes de lutteurs sumo, genre alors nouveau. Mais les estampes ne représentaient qu'une facette de son savoir-faire. Un ensemble de douze peintures figurant les beautés des douze mois, commande probable de Matsuura Seizan, daimyo de Hizen, révèle aussi un peintre de talent. Shunshō forma de nombreux artistes dont son propre fils Shunkō (1743-1812), Katsukawa Shun'ei (vers 1762-1819) et même le jeune Hokusai.

Plusieurs estampes extraordinaires de Shunshō sont consacrées à l'acteur fétiche Danjūrō V, dans le rôle *aragoto* typique d'une pièce intitulée *Shibaraku* (« Un instant ! »). Au moment-clef de la pièce, alors que le « méchant » est sur le point d'attaquer, le héros entre en coup de théâtre en s'écriant : « Un instant ! ». La tension de ce moment – dont raffolait visiblement le public d'Edo – est perceptible dans la vue de Danjūrō, figuré de profil, enveloppé dans une robe volumineuse de couleur kaki, figé dans la pose qui marque le moment éponyme du drame (ill. 72).

Tōshūsai Sharaku a apporté aux estampes d'acteur une forme de réalisme plus accentué et parfois déconcertant. À la différence des anciens maîtres du genre, loin d'idéaliser les sujets, il a, au contraire, délibérément exagéré leurs traits physiques (ill. 54, page 88). Ce faisant, il soulignait, comme on ne l'avait jamais fait, le fossé qui sépare l'acteur de son rôle. Les dessins de Sharaku, au nombre approximatif de cent soixante, ont tous été publiés chez Tsutajū, en l'espace de dix moix, entre 1794 et 1795, date à laquelle l'artiste disparut mystérieusement de la circulation. On a parfois avancé que la brièveté de sa carrière s'expliquait par les réactions négatives devant cer-

72. Katsukawa Shunshō (1726-1792).
L'acteur Ichikawa Danjūrō dans le rôle de Shibaraku, v. 1777. Estampe à la planche de bois, 29 x 13 cm). Los Angeles, University of California, Grunwald Center for the Graphic Arts.

L'artiste a marqué ce portrait de Danjūrō V d'un réalisme saisissant.

73. Utagawa Kuniyoshi
(1797-1861).
Rorihakuto Chojun, tiré
de la série *Cent-huit héros
du Suikoden*, v. 1827-1830
(détail de l'ill. 78
page 118). Estampe
à la planche de bois, de
format *ōban*.
Londres, British Museum.

Le cachet rond de la
censure apparaît à gauche
de la signature de
Kuniyoshi et au-dessus de
la contremarque de
l'éditeur.

tains de ses portraits peu flatteurs de vedettes populaires, mais son énorme production dément cette interprétation. Sharaku reste l'une des personnalités les plus énigmatiques de l'estampe, à Edo.

Les réformes de l'ère Kansei (1789-1801) mirent un coup d'arrêt temporaire au monde de l'édition, tout en durcissant la résistance populaire à l'autorité shogunale. Initialement lancées pour stopper les extravagances des samurais et des *chōnin* et pour stabiliser les prix du riz, après une série de famines et d'autres catastrophes naturelles, elles comportaient aussi des mesures visant directement les artistes et les éditeurs. Pour renforcer le contrôle sur la représentation des événements courants, des sujets érotiques et autres matières délicates, les estampes commerciales publiées après 1790 durent désormais passer l'inspection préalable d'un censeur, chargé d'apposer son sceau sur l'estampe terminée (ill. 73). Plusieurs membres actifs de la vie littéraire, artistique et théâtrale, qui se réunissaient dans Yoshiwara, furent arrêtés. Santō Kyōden fut mis aux fers et détenu dans sa maison pendant cinquante jours ; Tsutajū dut fermer boutique et perdit en amendes la moitié de ses biens ; Utamaro fut emprisonné pour avoir publié une série d'estampes irrévérencieuses qui représentaient Hideyoshi et d'autres figures historiques du XVIe siècle. Certains artistes et écrivains se retirèrent de l'édition ; d'autres réagirent en inventant des moyens de plus en plus subtils pour contourner les ordonnances gouvernementales ; d'autres enfin se consacrèrent à des domaines artistiques et littéraires moins dangereux.

NOUVEAUX DÉVELOPPEMENTS DANS L'ESTAMPE, 1801-1868

Dans la première décennie du XIXe siècle, les voyages d'affaires et d'agrément étaient devenus monnaie courante pour toutes les classes sociales. Les pèlerinages aux temples, aux sanctuaires et aux grands sites touristiques étaient populaires, mais la « grande capitale de l'Est » – surnom courant d'Edo – faisait aussi partie des destinations favorites. Pour relancer les ventes touristiques, beaucoup d'éditeurs ouvrirent des succursales ou déménagèrent leurs boutiques dans les faubourgs de la ville, près des carrefours routiers importants. Tout au long de la période, on vendit de plus en plus d'estampes, considérées comme des produits caractéristiques d'Edo et souvenirs de la capitale faciles à emporter.

Les éditeurs firent face aux changements et à l'accroissement du public en publiant des estampes qui requéraient moins de connaissance ésotérique du théâtre ou de Yoshiwara. Puisant dans la riche veine littéraire du *meishoe*, ils commencèrent à tirer des estampes isolées illustrant les paysages urbains des grandes villes et les sites plus éloignés. Des dessins colorés d'oiseaux et de fleurs, ou de héros de l'histoire chinoise et japonaise, entrèrent aussi dans le répertoire. Les représentations de courtisanes et d'acteurs attiraient toujours un large public, mais leur faveur s'estompait au bénéfice des nouveaux sujets.

Le succès croissant des estampes est bien attesté par la multiplication du nombre des artistes et des œuvres au XIXe siècle. L'école Utagawa comportait, à elle seule, des centaines d'artistes et la production de ses plus grands représentants – Hiroshige (1797-1858), Kunisada (1786-1865) et Kuniyoshi (1797-1861) – est prodigieuse. Si les premières estampes avaient été publiées par jeux de dix ou douze, on vendait à présent couramment de véritables « albums » de trente-six à cent estampes. Lorsqu'un motif remportait un succès particulier, on le regravait et on le retirait plusieurs fois de suite.

Avec une production dépassant le millier d'œuvres, Katsushika Hokusai (1760-1848) a été l'un des plus prolifiques et des plus influents parmi les maîtres de l'estampe. Au cours de sa longue carrière, à côté de sa production d'estampes isolées, il a aussi illustré des romans, des répertoires de motifs pour les artisans et des manuels d'instructions pour les artistes amateurs. Ce fut également un grand praticien, donnant à plusieurs reprises des démonstrations publiques de son art, en peignant d'immenses portraits à mi-corps de Bodhidharma (Daruma, en japonais), ce moine indien qui était censé avoir apporté le bouddhisme zen en Chine, au VIe siècle de notre ère. Malheureusement, ces peintures colossales ne font pas partie du vaste *corpus* de ses œuvres parvenu jusqu'à nous.

Il est difficile d'avoir une vue d'ensemble de l'activité d'Hokusai, puisqu'il a changé de nom et de style assez régulièrement, au bout de quelques années. Il a commencé sa carrière en dessinant des estampes d'acteur, sous le nom de Katsukawa Shunrō, avant de représenter de jolies femmes et d'illustrer des livres. Le nom même d'Hokusai apparaît pour la première fois dans un livre célébrant les divertissements d'Edo, publié en 1799. Hokusai a entretenu une longue relation avec l'écrivain Takizawa Bakin (1767-1848) et ses illustrations fantasques pour les romans historiques de ce dernier révèlent un penchant pour le bizarre et le grotesque qui allait rester l'un des traits caractéristiques de son art (ill. 17).

Bien qu'il n'ait pas voyagé autant que son plus jeune contemporain Hiroshige, il visita en 1812 la ville de Nagoya, où il rencontra Eirakuya, le principal éditeur local. Sur les conseils de celui-ci, il commença de préparer une série de carnets de croquis, *Manga*, contenant des illustrations sur tous les sujets possibles. Dans son esprit, ce *Manga* devait servir comme source d'inspiration pour les peintres et les artisans amateurs, mais le charme visuel de ces croquis leur acquit

74. Katsushika Hokusai (1760-1848).
Illustrations du *Manga*, vol. 11, v. 1812. Livre imprimé à la planche de bois, 22,5 x 27 cm. Paris, Bibliothèque nationale de France.

bien vite une audience incomparablement plus large (ill. 74).

Le *Manga* d'Hokusai lui valut un succès considérable, mais ses *Trente-six vues du mont Fuji* firent de l'artiste une légende vivante. La série – qui comprend en fait quarante-six vues – relança la tradition des estampes de paysage. À Kyoto comme à Edo, les artistes – y compris Masanobu et Ōkyo – avaient expérimenté les techniques européennes d'illusion spatiale, mais aucun ne les avait combinées, comme Hokusai, à des choix aussi étonnants de lumière, d'atmosphère et de point de vue, avec un sens proprement génial des cadrages (ill. 75).

La vision d'Hokusai, largement diffusée par les livres et les estampes, ramena l'attention et le respect du public sur la dangereuse noblesse du volcan. Bien qu'il se trouvât à 62 kilomètres d'Edo et qu'il n'eût pas connu d'éruption depuis 1707, les résidents de la capitale étaient parfaitement conscients qu'il s'agissait d'un volcan et le tenaient en grande vénération. L'obsession personnelle d'Hokusai s'enracinait dans l'antique croyance, toujours vivace, que la montagne était sacrée et qu'elle détenait le secret de l'immortalité. Pendant les mois d'été, lorsqu'il y avait peu de risques d'avalanche, les pèlerins – exclusivement des hommes – venaient de tout le pays pour escalader le pic ; ce rite était interdit aux femmes. En revenant périodiquement sur la représentation du volcan et en faisant de son sommet conique un élément lointain, mais central, de plusieurs de ses vues d'Edo, Hokusai contribua à populariser l'idée que la montagne sacrée était partie intégrante de l'identité de la capitale.

L'accueil enthousiaste reçu par la série d'Hokusai encouragea d'autres artistes à développer la peinture de paysage. Utagawa (Andō) Hiroshige en fut, de loin le praticien le plus doué. Samurai de rang inférieur, dont la famille occupait une place héréditaire dans le corps des pompiers d'Edo, Hiroshige étudia la peinture Kano, mais

aussi d'autres styles de peinture : son œuvre révèle l'influence des Lettrés, de Maruyama-Shijō et des techniques picturales occidentales. Ses compositions, comme celles d'Hokusai, sont caractérisées par un sens tout personnel de l'ordre, souvent forcé. En revanche, à la différence des œuvres d'Hokusai, celles d'Hiroshige révèlent une résonance émotionnelle à la poésie du lieu, qui trouvait un écho chez les citadins, de plus en plus nostalgiques de la campagne, et chez les visiteurs venus de province, heureux de voir les plus beaux sites de leur région célébrés par les estampes vendues dans la capitale.

Hiroshige commença par publier sa fameuse série des *Cinquante-trois étapes sur le Tōkaidō*, en 1833, un an après avoir parcouru lui-même cet itinéraire avec la suite d'un daimyo. Leur sujet se nourrissait de l'extraordinaire succès d'un roman picaresque publié en fascicules annuels entre 1802 et 1822, *À pied sur le Tōkaidō*, et d'une pièce de kabuki sur ce même Tokaido, mise en scène en 1825. La série d'Hiroshige connut un tel succès que l'artiste la republia en trois versions, dont une faite conjointement avec Kunisada. Il consacra aussi une autre série aux *Soixante-neuf étapes sur le Kisokaidō*, piste intérieure qui reliait Edo à Kyoto, et réalisa plusieurs séries plus petites sur les curiosités marquantes de diverses provinces.

Hiroshige couronna sa longue et illustre carrière d'estampes topographiques par un recueil très ambitieux : *Cent vues célèbres d'Edo*

75. Katsushika Hokusai (1760-1848).
Le Mont Fuji par temps clair, tiré de la série *Trente-six vues du mont Fuji*, 1830-1832.
Estampe à la planche de bois, de format *ōban*.
Bruxelles, musées royaux d'Art et d'Histoire.

(*Meisho Edo hyakkei* ; ill. 76). Publiées par séries entre 1856 et 1859, juste au moment où le Japon s'ouvrait au commerce avec l'étranger, ces vues eurent une influence considérable – au Japon comme à l'étranger – par leurs effets de composition et de couleurs. Dans cette extraordinaire série, Hiroshige utilise la tradition des *meishoe*, pour immortaliser temples et sanctuaires, maisons de thé et restaurants, théâtres et boutiques, rivières et canaux, bruissants de vie et d'activité. Tout en offrant des détails topographiques précis, l'artiste a choisi des points de vue inhabituels, des allusions aux saisons et des couleurs vives qui insufflent à chaque scène fraîcheur et lyrisme. L'effet de cumul de beauté et de séduction sur les citadins et les visiteurs de la capitale renouvelait le choc produit par la série d'Hokusai sur le Fuji.

L'école Utagawa, où Hiroshige avait été formé, fut le premier atelier d'estampes du XIXᵉ siècle. Bien que ses membres fussent surtout connus pour leurs représentations d'acteur et d'histoire, la plupart d'entre eux pratiquaient tous les genres populaires. Le triptyque de Toyokuni montrant la boutique de son éditeur Eijudō, qui combine à la fois une vue perspective, le portrait de beautés à la mode et des estampes d'acteur au format d'éventail, illustre parfaitement la gamme des possibilités et des talents (ill. 26). Le succès de l'école Utagawa est imputable, en premier lieu, aux artistes formés par Toyo Kuni, parmi lesquels Kunisada et Kuniyoshi étaient tout particulièrement talentueux.

À l'instar d'Utamaro, Kunisada participait activement à la vie culturelle d'Edo. Habile poète de *haikai* et de *kyōka*, c'était aussi un

Page opposée
76. Ando Hiroshige
(1797-1858)
Feux d'artifice au-dessus du pont de Ryogoku, tiré de la série *Cent vues célèbres d'Edo* (*Meisho Edo hyakkei*), v. 1857. Estampe à la planche de bois, de format *ōban*. Londres, British Museum.

Le spectacle du feu d'artifice annuel, que l'on regardait en bateau sur la Sumida, était un grand moment de la saison d'été, à Edo.

77. Utagawa Kunisada
(1786-1865)
Une courtisane ivre de Fukagawa, v. 1829-1830. Uchiwae (estampe à la planche de bois, au format d'éventail). Fondation de la famille Russell.

Le visage allongé et le menton accusé de cette courtisane sont caractéristiques du style figuré de l'école Utagawa.

bon compagnon de beuverie pour les gloires littéraires du moment. Fin connaisseur des dernières modes d'Edo, il utilisa cette connaissance pour plusieurs de ses estampes (ill. 77).

Le dessin en forme d'éventail ici reproduit représente une courtisane des nouveaux quartiers réservés, non officiels, apparus après l'incendie de 1812 à Yoshiwara. Son costume à carreaux reflète le nouveau goût des années vingt, tandis que le verre européen qu'elle tient à la main et le paysage bleu sombre, à l'arrière-plan, témoignent de la disponibilité des importations en provenance de l'Occident.

Kuniyoshi commença sa carrière professionnelle en 1814, mais resta dans l'ombre de Kunisada jusqu'en 1827, date à laquelle il commença de publier une série de cent huit estampes représentant les héros des *Contes du bord de l'eau* (*Suikōden*), adaptation immensément populaire, par Takizawa Bakin, d'un roman chinois racontant les tribulations d'une bande de hors-la-loi formant une communauté sur une montagne, entourée d'un vaste marais. La publication de ce roman, en 1805, avait lancé la mode des sujets historiques et légendaires. Bien qu'Hokusai et Kunisada aient produit aussi des illustrations, les compositions de Kuniyoshi vibrent d'une intensité et d'une férocité plus extrêmes que les dessins antérieurs. Glorifiant le corps musclé et tatoué de ces héros de la contre-culture, il prêtait une sorte de légitimité paradoxale à ces ornements corporels habituellement associés aux gangsters d'Edo (ill. 78). L'exploitation de la dépravation esthétique – par des scènes brillamment cruelles, érotiques ou sadiques – a pour toile de fond l'instabilité sociale et politique croissante de la capitale du shogunat.

La publication d'estampes représentant des héros de l'histoire chinoise et japonaise reçut un encouragement indirect en 1842, lorsque le gouvernement interdit de représenter acteurs et courtisanes, enjoignant aux artistes de concentrer davantage leur attention sur des sujets plus élevés moralement, tels que des exemples – masculins et féminins – de conduite noble et vertueuse. Kuniyoshi tira parti de ces instructions nouvelles pour publier des estampes consacrées à des guerriers du XIIe siècle, héros des luttes entre les clans Taira et Minamoto. Toutefois, aux yeux d'un public accoutumé à scruter les pensées cachées, ses portraits de parangons de loyauté féodale et d'abnégation furent souvent décryptés comme des allusions à l'ordre politique existant. Ce genre de messages doubles – qu'il fût ou non intentionnel – était l'un des nombreux signes de fracture dans la société Tokugawa. En donnant une expression artistique au fossé qui se creusait entre la réalité officielle et la réalité perçue, les auteurs d'estampes se faisaient l'écho des déceptions politiques de la fin du gouvernement Tokugawa.

78. Utagawa Kuniyoshi (1797-1861). *Rorihakuto Chōjun*, tiré de la série des *Cent-huit héros du Suikoden*, v. 1827-1830. Estampe à la planche de bois, de format *ōban*. Londres, British Museum.

79. Sakai Hōitsu
(1761-1828).
*Trente-six Immortels
de la poésie*, début
du XIXᵉ siècle.
Paravent à double
panneau, encre et
couleurs sur soie,
150 x 160 cm.
Washington D.C.,
Smithsonian Institution,
Freer Gallery of Art.

Les poètes *waka* étaient
traditionnellement
représentés avec
beaucoup de dignité,
conformément à leur
statut aristocratique,
mais l'interprétation
de Hoitsu en fait un
groupe disposé sans
trop de cérémonie,
dans un espace
assez restreint.

SAKAI HŌITSU ET TANI BUNCHŌ :
RINPA ET BUNJINGA À EDO

Le XIXe siècle fut marqué par une rupture des filiations linéaires chez les peintres d'Edo. Alors même que les membres de l'école Kano continuaient de recevoir des commandes officielles, l'idée commençait à se répandre que leur œuvre était démodée et que la formation reçue dans leurs ateliers n'avait plus guère de valeur. La lassitude à l'égard des formes figées conduisit plusieurs peintres à expérimenter de nouveaux sujets, de nouveaux styles et de nouvelles techniques importées de Chine et d'Occident, mais aussi à rechercher une inspiration en reprenant l'étude des styles locaux des époques antérieures. Par suite du respect croissant pour la créativité et la liberté individuelles, beaucoup de peintres considéraient l'adoption d'un style particulier comme un choix esthétique personnel. Ce phénomène sous-tend la nature éclectique des mouvements Rinpa et Lettré lorsqu'ils se développent à Edo.

L'école Rinpa avait représenté une force esthétique dynamique à Kyoto, au cours des XVIIe et XVIIIe siècles, mais, malgré les séjours de Kōrin et de Kenzan à Edo, elle n'avait pas trouvé sa voie dans la capitale des shoguns. On explique mal ce constat, mais il peut être attribué – au moins partiellement – au fait que les législations somptuaires étaient plus rigoureuses ici qu'à Kyoto. L'esthétique Rinpa, amie du luxe, se montrait profondément hostile au respect de ces législations.

Sakai Hōitsu (1761-1828) dirigea le mouvement qui entraîna le renouveau des thèmes et des styles des artistes Rinpa de Kyoto. L'accès personnel aux peintures de Kōrin déclencha probablement son intérêt pour l'école Rinpa, mais son amitié avec Tani Bunchō fit le reste. Son orientation esthétique était pénétrée par l'esprit de nationalisme antiquisant commun aux artistes de sa génération.

Second fils du seigneur de Sakai, Hōitsu avait grandi depuis l'enfance dans un riche environnement culturel, incluant la formation à la peinture Kano, l'étude du *chanoyu* et – plus important que tout – l'examen approfondi des œuvres de Kōrin, pour qui sa famille avait représenté un important commanditaire. Hōitsu peignit pour son loisir jusqu'en 1797, date à laquelle il renonça à sa succession sous prétexte de mauvaise santé et prononça les vœux bouddhiques. Il établit ensuite son atelier à Edo, où il se consacra à la peinture, la calligraphie et la poésie. Hoitsu participa avec enthousiasme aux activités culturelles du Yoshiwara, en compagnie des élites scientifiques, littéraires, théâtrales et artistiques du moment. Ses vers *haikai* et *kyoka* apparaissent dans plusieurs anthologies, y compris dans le *Livre de peinture des insectes sélectionnés* (ill. 71).

Un paravent à deux panneaux des *Trente-six Immortels de la poésie* illustre bien plusieurs des qualités du mouvement Rinpa propres

80. Kitagawa Utamaro (?1753-1806) Illustration du *Livre illustré d'insectes sélectionnés* (*Ehon mushi erabi*), 1788 (détail de l'ill. 71, page 110). Estampe à la planche de bois, 27 x 18 cm. Londres, British Museum.

à Edo (ill. 79). Les poètes et poétesses *waka* étaient traditionnellement représentés d'une façon très digne qui traduisait leur statut aristocratique. Mais, dans l'interprétation donnée par Hōitsu, les voici jetés pêle-mêle sur un *tatami* surpeuplé. Kōrin avait un penchant pour la plaisanterie assez prononcé pour peindre ce genre de sujet, mais l'humour de Hōitsu est plus incisif que celui du maître de Kyoto, et ses couleurs sont plus intenses ; les poètes assemblés ont l'air ivres, ennuyés ou tout simplement hors d'eux-mêmes. Pour les artistes Rinpa de Kyoto, l'héritage de cour représentait un idéal culturel indiscuté, alors que pour leurs homologues d'Edo, la valeur de cet héritage était beaucoup plus ambiguë.

L'admiration de Hōitsu pour Kōrin l'amena à rechercher ce qui restait des œuvres de ce dernier. Il publia ainsi la compilation des *Cent peintures de Kōrin* (*Korin hyakuzu*). Édité pour la première fois en 1815, ce recueil servit à ranimer l'intérêt pour l'école Rinpa chez les peintres, les laqueurs, les céramistes et les dessinateurs sur tissu, aussi bien à Edo que dans d'autres parties du pays. La préface de l'ouvrage fut écrite par l'ami et voisin de Hōitsu, Kameda Bosai (1752-1826), distingué savant confucéen, poète et calligraphe (ill. 79). Ce dernier y décrivait Kōrin comme un artiste possesseur d'un « style divinement libre », expression d'origine chinoise impliquant un génie artistique exceptionnel. L'application de cette qualification à Kōrin

81. Kuwagata Keisai. *Cinq amis dans un restaurant*, tiré des *Amateurs de cuisine* (*Ryōri tsū*), v. 1822. Livre imprimé à la planche de bois, 15,2 x 21,4 cm. Santa Monica (Cal.), collection Ravitz.

Des rencontres amicales réunissaient fréquemment, dans les restaurants et les maisons de thé d'Edo, des artistes et des intellectuels venus d'horizons divers. Sont représentés ici Kameda Bōsai (la main levée), Sakai Hōitsu (dos tourné au spectateur), le poète *kyōka* Ōta Nanpō (un verre de vin à la main) et Shibutsu.

82. Watanabe Kazan
(1793-1841).
*Portrait d'Ozora
Buzaemon*, 1827.
Rouleau vertical, encre
et couleurs sur papier,
220 x 110 cm.
Cleveland Museum
of Art.

Cette peinture grandeur
nature et soigneusement
réaliste du géant
Buzaemon réussit à
rendre l'expression
pitoyable du visage, les
mains et les pieds
démesurés d'un homme
dont l'apparence
physique le rend à la fois
objet de répulsion et de
fascination. L'approche
de Kazan combine
toutefois la curiosité
scientifique et la
compassion.

atteste bien les courants intellectuels et artistiques croisés qui traversent le XIXe siècle, à Edo.

Tani Bunchō (1763-1840) est généralement considéré comme le fondateur du mouvement Lettré à Edo. Né dans une famille de samurais, il fut au service de Matsudaira Sadanobu, puissant shogun de 1787 à 1793 et artisan des réformes Kansei. La passion antiquisante de Sadanobu et son intérêt pour la reconstruction du palais impérial de Kyoto le conduisit à dépêcher Bunchō en mission d'inventaire du patrimoine national. Ces voyages donnèrent à l'artiste une grande familiarité avec les sujets et les styles traditionnels japonais, mais aussi l'opportunité d'étudier les techniques picturales chinoises et européennes employées par les artistes de Nagasaki. Au cours de ces pérégrinations, il visita Osaka et reçut l'hospitalité du groupe d'intellectuels réunis autour de Kimura Kenkado, brasseur de saké, peintre Lettré et graveur de sceau dont la résidence attirait la plupart des gloires artistiques de l'époque.

Bunchō lui-même fut l'âme d'un salon aussi animé, à Edo, dont les membres avaient pris l'habitude de se réunir dans les restaurants et les maisons de thé populaires du centre-ville. Ils pouvaient y savourer la finesse de la cuisine, tout en discutant des dernières nouveautés sociales, politiques et culturelles. Vivant en quasi symbiose, ces amis partageaient les livres rares, s'aidaient mutuellement à trouver des éditeurs et des acheteurs pour leurs œuvres et organisaient des expositions pour promouvoir la carrière des artistes amis. On pense que Bunchō aida à populariser la vogue des réunions de peinture et de calligraphie en 1792, alors que lui-même et plusieurs de ses étudiants se retrouvaient dans un restaurant populaire pour faire des démonstrations payantes de peinture et de calligraphie. Cette pratique resta en vigueur à Edo durant tout le XIXe siècle.

Si doué et versatile que fût Bunchō, il était peut-être plus influent encore comme professeur et comme défenseur des études et de la pratique des différents styles picturaux, du passé comme du présent, mais tout spécialement de la peinture Lettrée et du style occidental. Ce double héritage se reflète dans les travaux de son élève et associé Watanabe Kazan (1793-1841). Intendant du petit fief de Tawara (dans la préfecture moderne d'Aichi), Kazan, comme Bunchō, était attiré par la philosophie *bunjin* et il produisit quelques peintures dans la manière Lettrée. Mais les « études hollandaises » (Rangaku) constituaient le véritable centre de ses intérêts artistiques et intellectuels. Son association avec un groupe de savants qui partageaient son amour de la science occidentale, mais aussi ses critiques violentes contre le pouvoir shogunal, le conduisit en prison pour sédition ; il finit par se donner la mort.

Le vaste ensemble de peintures et d'esquisses laissé par Kazan comporte de nombreux portraits qui traduisent à la fois sa curiosité scientifique, sa puissance d'observation et sa maîtrise des techniques picturales occidentales (ill. 82). Pour compléter ses maigres revenus, et sur les conseils de Bunchō, Kazan organisait des réunions « commerciales » de peinture et de calligraphie ; toutefois, ses écrits et ses carnets d'esquisses ne laissent aucun doute sur le fait que ce genre de manifestations, quoique nécessaire, était totalement incompatible avec la vision de Lettré qu'il avait – à juste titre – de lui-même.

Bunchō, Kazan et leurs émules se qualifiaient eux-mêmes de *bunjin* pour des raisons sociales et non stylistiques. À la différence de leurs contemporains de Kyoto, ils ne se piquaient pas d'une fidélité scrupuleuse aux modèles picturaux associés à l'école de peinture de Chine méridionale, ou école de Nanga. Autre différence : les *bunjin* d'Edo ne démissionnaient pas de leurs postes officiels ; leur vie de bohème ne les empêchait pas d'enseigner et d'avoir une activité de fonctionnaire pour arrondir leurs fins de mois. Quant à leur refus des styles académiques soutenus par le shogunat et leur expérimentation des styles indigènes, Lettré et occidentaux, ils étaient moins subversifs que régénérateurs dans leur principe. Bunchō, Kazan et autres artistes-savants, travaillant dans le cadre de l'administration shogunale, considéraient leurs explorations artistiques à la fois comme moyen d'expression personnelle et comme partie d'une quête rationnelle de la connaissance historique et empirique, qui aurait pu – sous d'autres maîtres – contribuer aux réformes politiques et sociales dont la nation avait un besoin de plus en plus impérieux.

CHAPITRE IV

LES ARTISTES D'OSAKA ET DE NAGASAKI

83. Kawahara Keiga (1786-1860). *Marchand coréen*, v. 1823-1829. Feuillet d'album, encre et couleurs sur papier, 39 x 28,5 cm. Leyde, musée national d'Ethnologie.

Ce portrait impitoyablement réaliste atteste les facultés d'observation de Keiga et son habileté technique. L'artiste a manié son pinceau avec la précision d'un dessinateur, pour donner à cette figure un sens de volume convaincant. Le traitement du visage, avec ses yeux respectueusement baissés, révèle une intuition psychologique qui va bien au-delà du simple constat ethnologique.

O saka et Nagasaki, les centres artistiques les plus importants du pays, après Kyoto et Edo, étaient tous deux des ports importants, Osaka pour le trafic intérieur, Nagasaki pour le commerce international ; et tous deux étaient également sous le contrôle direct de l'administration shogunale ; mais les points communs s'arrêtaient là. Osaka, avec presque un demi-million d'habitants, était la troisième agglomération du pays, alors que Nagasaki, avec soixante-cinq mille habitants, était beaucoup plus petit. Leur influence culturelle ne venait pas de leur taille, mais plutôt de leur situation, ainsi que de la composition sociale et ethnique de leur population. Osaka dépendait nominalement d'un château, mais comme celui-ci n'était pas la résidence permanente d'un seigneur féodal, la classe des guerriers restait relativement peu nombreuse et largement dépassée en nombre par des citadins employés dans le commerce, la banque et l'artisanat. Ce dernier n'offrait pas la luxueuse variété de produits de Kyoto, mais consistait surtout en articles usuels, tels que marmites de cuisine, bols à riz et baguettes pour l'usage des citadins. La prépondérance des *chōnin* à Osaka accéléra la croissance d'une culture à dominante nettement mercantile. À Nagasaki, au contraire, la présence des commerçants hollandais et chinois, numériquement peu nombreux, faisait de la ville une véritable Mecque pour les artistes curieux et novateurs, venus de tout le pays. Jusqu'à l'ouverture du port de Yokohama, en 1859, Nagasaki a été la fenêtre du Japon sur le monde (ill. 84).

Osaka est située dans une région fertile et prospère, à 400 kilomètres au sud-ouest d'Edo et à 50 kilomètres au sud de Kyoto. En raison de sa position avantageuse à l'embouchure du Yodo, en tête de la baie, elle était devenue le centre de rassemblement et de redistribution

84. Anonyme.
Vue à vol d'oiseau du port de Nagasaki,
v. 1854-1864. Estampe à la planche de bois, de format *ōban*.
Londres, British Museum.

La petite île artificielle en forme d'éventail, en bas de la rade, est le comptoir de Deshima où les marchands hollandais furent confinés depuis 1641. Le port est rempli de navires chinois et hollandais.

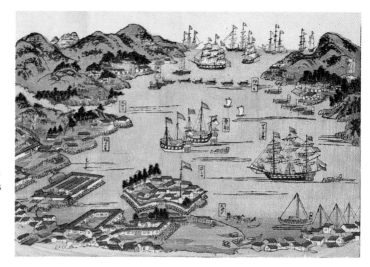

85. Gigadō Ashiyuki (actif 1814-1833).
Dix acteurs sur le pont de Tenjin, 1825.
Triptyque d'estampes à la planche de bois de format *ōban*. Londres, British Museum.

Ce triptyque combine une vue panoramique de l'une des curiosités d'Osaka, le pont de Tenjin au-dessus du Yodo, avec la représentation de neuf des plus grands acteurs d'Osaka pour les rôles d'homme et de femme. Il a été réalisé en l'honneur des représentations données par l'acteur Onoe Kikugorō III, d'Edo, qui est le dixième personnage du groupe.

du riz provenant des domaines du Japon occidental (ill. 85). Elle occupait aussi le premier rang dans le pays pour les constructions navales, la production d'huile, le raffinage du cuivre et le travail du coton.

La prospérité venant, la communauté de marchands, de banquiers et de manufacturiers d'Osaka commença de financer des activités culturelles de toutes sortes. La proximité de Kyoto – une seule journée de bateau, en remontant le cours du Yodo – noua des liens étroits entre les artistes des deux grandes cités du Kamigata. Mais la culture de Kyoto, recréée par et pour les riches citadins d'Osaka, était moins soucieuse de raffinement aristocratique que de splendeur matérielle. Cette orientation matérialiste de la culture d'Osaka servit ainsi de pont entre les cultures de Kyoto et d'Edo.

Engelbert Kämpfer (1651-1761), médecin allemand au service de la Compagnie hollandaise des Indes Orientales, eut la possibilité de visiter Osaka en 1691 et 1692, lors d'un de ces voyages à Edo fait par les directeurs de la compagnie pour offrir des présents au shogun. Dans son *Histoire du Japon,* Kämpfer nota que la ville, « bien peuplée de riches marchands, artisans et manufacturiers », avait une réputation de dépensière :

> « Tout ce qui tend à promouvoir le luxe et à flatter les plaisirs des sens peut être obtenu à meilleur marché que partout ailleurs. Pour cette raison, les Japonais appellent Oasacca [sic] le théâtre universel des plaisirs et des divertissements […]. Rien d'étonnant, donc, à ce que nombre d'étrangers et de voyageurs s'y arrêtent quotidiennement, surtout les gens riches, comme en un lieu où ils peuvent dépenser leur temps et leur argent avec une plus grande satisfaction que partout ailleurs dans l'Empire. »

Les débuts de l'épanouissement culturel d'Osaka remontent à la construction de son château – l'un des projets architecturaux les plus ambitieux lancés par Hideyoshi – en 1583. La cour extérieure englobait une circonférence de 13 kilomètres et il fallut des dizaines de milliers de travailleurs pour venir à bout de l'ensemble. La décoration intérieure, peinte par Kano Eitoku et son atelier, était aussi impressionnante. Le château fut terriblement endommagé durant le siège et la bataille d'Osaka, en 1614-1615, qui anéantit tous les descendants de la famille Toyotomi ; mais sa présence dans la ville restait aussi formidable que l'héritage artistique des peintres Kano dans sa décoration. Après avoir pris le contrôle de la ville en 1615, le gouvernement shogunal entreprit une série de grands travaux publics qui transformèrent Osaka en une cité de ponts et de canaux. Ces projets se prolongèrent jusqu'au XIXe siècle.

Osaka atteignit son autonomie culturelle pendant l'ère Genroku (1688-1703), véritable âge d'or dans toute la région du Kansai. Les fictions élégantes des écrivains Asai Ryōi (mort en 1691) et Ihara Saikaku (1642-1693) popularisèrent le mot *ukiyo* en un sens nouveau de *carpe diem* hédoniste. Les écrits de Saikaku représentent fréquemment le marchand d'Osaka comme un homme pragmatique, qui puise ses satisfactions dans les plaisirs du monde matériel. Le dramaturge Chikamatsu Monzaemon (1653-1725) contribua ensuite à modeler et préciser l'identité culturelle d'Osaka. Bien qu'il écrivît initialement pour le théâtre de marionnettes, dont on raffolait au XVIIe siècle, plusieurs de ses tragédies domestiques, narrant des histoires d'amours impossibles qui se concluent généralement par un double suicide, furent adaptées pour le théâtre kabuki. La tendance sentimentale de ces drames accéléra le développement du *wagata*, ou « style doux », jeu d'acteur qui faisait la renommée d'Osaka.

KIMURA KENKADŌ ET SON CERCLE

Les réformes de l'ère Kyōhō restreignirent la poursuite des plaisirs et limitèrent l'étalage des richesses des marchands, que les autorités shogunales estimaient injurieuses pour la moralité publique et menaçant la stabilité de la cité. Le désir de promouvoir une ambiance plus intellectuelle à Osaka conduisit aussi à la fondation de l'école Kaitokudō en 1724, sorte d'institut d'études chinoises pour élèves boursiers, comparable au Shoheikō, académie confucéenne officielle créée à Edo. Les maîtres du Kaitokudō, toutefois, défendaient une forme de confucianisme plus égalitaire et plus pragmatique que celle de leurs homologues d'Edo.

Avec l'institution du Kaitokudō, les clubs culturels – officiels ou non – se multiplièrent, comparables à ceux de Kyoto et d'Edo, où les hommes cultivés se rassemblaient pour faire de la poésie ou de la peinture, et jouir des plaisirs associés à la vie des Lettrés chinois. Le marchand de saké Kimura Kenkadō (1736-1802), l'une des personnalités les plus éclairées de la ville, se trouvait au centre d'un groupe particulièrement connu et influent. Sa réputation était celle d'un homme universellement curieux, savant et doué de talents artistiques, pour ne rien dire de son hospitalité généreuse ; sa demeure accueillait les artistes et les savants d'Osaka, mais aussi ceux d'Edo et de Nagasaki. Shiba Kōkan (1747-1818), pionnier de la peinture européenne à l'huile et de la gravure sur cuivre, lui rendit visite deux fois, à l'aller et au retour de son voyage à Nagasaki, en 1788-1789 ; Tani Bunchō se rendit également chez lui en 1796 et fit, à cette occasion, les premières esquisses qui devaient servir au portrait commémoratif qu'il peignit après la mort de Kenkadō (ill. 86).

Le journal de Kenkadō et d'autres écrits montrent en Osaka une cité cosmopolite dont les principaux artistes étaient inhabituellement réceptifs aux nouvelles tendances artistiques. L'école Kano assura la formation de plusieurs peintres d'Osaka, tels qu'Ōoka Shunboku (1680-1763), qui fut un temps le maître de Kenkadō lui-même. Toutefois, la grande faveur des patrons locaux allait aux représentants des mouvements Maruyama-Shijō et Lettré. Bien qu'il y eût assurément des rivalités professionnelles entre eux, les membres des deux écoles fréquentaient également le salon de Kenkadō.

Ce dernier affichait, quant à lui, une prédilection particulière pour les peintres Lettrés et entretenait des liens personnels avec plusieurs de ses principaux représentants. Il étudia de façon informelle avec Yanagisawa Kien et Ike Taiga, et fut si impressionné par le talent de ce dernier qu'il aida à promouvoir son œuvre en organisant des expositions à Osaka et Kyoto. Il reçut aussi les leçons d'un prêtre *ōbaku*, Kakukei, et du peintre de Nagasaki Kumashiro Yūhi (1713-1772). Pour Kenkadō, la peinture resta toutefois un passe-temps,

86. Tani Bunchō (1763-1840).
Portrait de Kimura Kenkadō, v. 1802.
Rouleau vertical, encre et couleurs sur papier, 69 x 42 cm.
Préfecture d'Osaka, Bureau de l'Éducation.

Très conventionnelle, cette peinture a été exécutée d'après les croquis faits par Bunchō lors de sa visite à la résidence de Kenkadō, en 1796.

sans devenir une profession, même après que les autorités eurent fermé sa distillerie de saké, en 1789, en l'accusant de produire illégalement des quantités excessives de ce breuvage.

Bien que beaucoup de peintres Lettrés soient passés par Osaka, Okada Beisanjin (1744-1820) semble avoir été le premier grand représentant de cette école né dans la ville. Marchand de riz local, Beisanjin était apparemment un autodidacte, quoique certaines de ses œuvres révèlent l'influence de Taiga, dont il a pu approcher l'art par l'entremise de Kenkadō. Comme la plupart des Lettrés, il avait un penchant pour les paysages et les jardins idéalisés, qu'il représentait souvent avec une touche d'humour, associées à des évocations de la littérature chinoise. La *Réunion de poésie dans le pavillon de l'Orchidée* était sa pièce favorite, sans doute parce qu'elle autorisait une grande latitude d'interprétation (ill. 87). Dans la version ici reproduite, les petits personnages assis sur les rives des méandres qui sillonnent la composition sont comme écrasés par des rochers fantastiques, en forme de bretzels.

La fascination de Beisanjin pour les formes bizarres des rochers, éléments essentiels des jardins à la chinoise, est peut-être née de son étude des livres, voire de la célèbre collection de pierres de Kenkadō.

Après la mort de ce dernier, Osaka perdit une partie de sa prééminence culturelle auprès des artistes Lettrés, de sorte qu'Hankō (1782-1846), le propre fils de Beisanjin, lui aussi peintre accompli, alla se joindre au cercle de Rai San'yō, à Kyoto. Comme les autres artistes de cette génération et de cette mouvance, il devint familier des théories lettrées chinoises et il adopta plus étroitement les modèles et les techniques de pinceau venues du continent.

Mori Sōsen (1747-1813), fondateur de la branche d'Osaka pour l'école Maruyama-Shijō, fréquentait aussi la maison de Kenkadō. À l'instar d'Ōkyo, il se targuait de prendre la nature pour modèle et se fit une réputation de peintre de singes. On disait même qu'il les avait étudiés dans leur habitat naturel pour les représenter avec plus de précision (ill. 88). L'atelier fondé par Sōsen à Osaka continua de prospérer après sa mort, produisant des peintures de singes de plus en plus stéréotypées ainsi que des représentations de flore et de faune traitées sur un mode réaliste, devant un simple fond décoratif.

LIVRES ET ESTAMPES D'OSAKA

Bien que les maisons d'édition fleurissent à Kyoto, Nagoya et Nagasaki, seule Osaka pouvait rivaliser avec Edo pour la qualité – sinon pour la quantité et la variété – de ses livres et de ses estampes à la planche de bois. Les livres illustrés produits localement veillaient à satisfaire les exigences pratiques et les curiosités culturelles des résidents dans tout l'ouest du Japon. On y trouvait des traités d'agriculture et de sériciculture, des recueils de poésie, des guides de voyage, des guides pour Shinmachi (le quartier réservé d'Osaka) et des recueils de peintures célèbres, chinoises et japonaises. Encouragés par l'intérêt croissant pour l'histoire naturelle, des artistes de toutes tendances multipliaient les albums de peintures de fleurs, d'oiseaux et d'autres créatures, tous rendus avec une méticuleuse attention pour les tissus, les couleurs et la texture des feuilles, des fourrures et des plumes. Le manuel de peinture de Shunkei (dates inconnues), élève de Mori Sōsen, illustre à la fois la haute qualité technique et l'éclectisme caractéristique des publications d'Osaka, au XIXe siècle (ill. 89).

87. Okada Beisanjin (1744-1820).
Réunion de poésie dans le Pavillon des Orchidées, 1816. Rouleau vertical, encre et couleurs légères sur papier, 141 x 48,4 cm. Tokyo, musée Idemitsu.

88. Mori Sōsen (1747-1813).
Singes dans la neige. Rouleau
vertical, encre et couleurs
sur soie, 105 x 39 cm.
Osaka, musée d'art Itsuo.

Les singes, relativement
communs dans tout le Japon,
figuraient depuis longtemps
dans le mythe et le folklore
comme les messagers
des dieux ou comme des
farceurs malfaisants.
Dans les peintures de Sōsen,
ils prennent souvent des traits
anthropomorphiques,
évoquant le dicton japonais :
« Les singes sont fort près
d'être des hommes. »

89. Mori Shunkei
(actif dans la décennie
1820). Illustration tirée
du *Recueil de peintures de
Shunkei* (*Shunkei gafu*),
v. 1820. Livre imprimé
à la planche de bois.
Santa Monica (Cal.),
collection Ravitz.

Les vues
« macroscopiques »
de Shunkei, d'insectes
sur un lotus pourrissant,
ont été inspirées par un
dessin d'Utamaro, mais
le traitement plus réaliste
reflète l'influence de
l'école de Nagasaki.

Page ci-contre
90. Gochōtei Sadamasu
(Kunimasu)
(actif 1834-1852).
*Ōkawa Hashizō dans le
rôle du prêtre Saigyō*,
1848. Estampe à la
planche de bois, de
format *chūban*.
Londres, Victoria &
Albert Museum.

L'acteur populaire Onoe
Kikugorō III a joué ce
rôle sur le théâtre Nakaza
d'Osaka en août 1848.
Après sa retraite officielle
en 1847, Kikugorō
réapparut sous le nom de
scène d'Okawa Hashizo.
Toutefois, les fleurs de
lotus qui accompagnent le
titre, symboles
bouddhiques de la vie
dans l'au-delà, indiquent
que l'estampe a été
publiée à titre posthume.

Les sujets des estampes d'Osaka ont d'abord été tirés du théâtre kabuki, dont les résidents s'enorgueillissaient. Les quatre principaux théâtres, situés dans une étroite rue parallèle à la rive méridionale du canal Dōtonburi, attiraient une clientèle nombreuse et aisée, ce qui amenait souvent des acteurs à venir d'Edo pour jouer à Osaka. L'acteur d'Edo Onoe Kikugorō III, arrivé à Osaka en 1825, y resta six mois et déchaîna les passions (ill. 85). Acteur parfaitement polyvalent, il était particulièrement fêté dans les personnages de fantôme ou d'homme du peuple. De nombreuses estampes le représentent, cette même année et les années suivantes, pour célébrer son retour sur la scène d'Osaka après sa retraite officielle des théâtres d'Edo (ill. 90). Au XIXᵉ siècle, plusieurs acteurs célèbres, exilés d'Edo pour leur mode de vie extravagant, vinrent s'installer à Osaka, au grand bonheur des éditeurs et des passionnés de théâtre. L'ascendant des acteurs de style *aragoto* modifia les goûts locaux. Les drames domestiques traditionnels de la région de Kamigata ne furent pas totalement éclipsés, mais ils perdirent leur monopole théâtral au bénéfice de drames pseudo-historiques et souvent fantastiques, présentant des guerriers héroïques.

Le marché étant beaucoup plus réduit à Osaka qu'à Edo, et les estampes de la capitale étant déjà disponibles en grand nombre, même les artistes les plus fêtés ne pouvaient vivre de la seule production d'estampes ; ils exerçaient aussi d'autres métiers, dans les domaines voisins de l'illustration et de la librairie. Entre la fin du XVIIIᵉ siècle et le milieu du XIXᵉ siècle, deux cents artistes environ ont travaillé à la production d'estampes. La plupart de celles-ci ont été publiées chez quatre éditeurs, qui proposaient à la fois des séries com-

merciales et des éditions de luxe (*surimono*), à l'aide de surimpression de pigments métalliques, de laque et de mica. Les acteurs en vogue étaient représentés dans les séries de haute qualité, conditionnées pour les membres des clubs locaux de kabuki, qui se les arrachaient.

Edo et Kyoto abritaient aussi ce genre de clubs composés de riches passionnés de théâtre – souvent des clients assidus dans la fréquentation des quartiers réservés – mais l'histoire de ceux d'Osaka est exceptionnellement riche de documents. Ces clubs organisaient des « claques » pour leur héros, surtout lorsque celui-ci faisait sa première apparition de la saison ; ils portaient des ornements spéciaux, de la couleur favorite de l'acteur, ou des pièces vestimentaires frappées de ses armoiries ; ils se chargeaient aussi financièrement de décorer et de réparer le théâtre où « leur » acteur se produisait. Ce système de protection privée a été décisif pour l'épanouissement du théâtre kabuki d'Osaka, comme pour le développement d'un art de l'estampe autonome.

Les rares estampes isolées publiées à Osaka avant 1800 étaient souvent réalisées au pochoir : les contours noirs étaient imprimés à la planche de bois et les couleurs ajoutées ensuite au pochoir. Cette technique, moins coûteuse et moins complexe que l'impression à plusieurs planches gravées, continua d'être employée à Osaka, bien après l'apparition des estampes polychromes à Edo. Les beaux jours de l'estampe n'atteignirent Osaka qu'au temps des ères Bunka-Binsei (1804-1829), période qui vit l'essor de deux lignées artistiques prolifiques, l'une liée à Shunkōsai Hokushū (mort en 1832) et l'autre à Asayama Ashikuni (actif entre 1807 et 1818).

Ashikuni et les artistes qui lui étaient associés, normalement identifiés par la présence des caractères *ashi* ou *kuni* dans leur nom, bénéficiaient de leurs liens étroits avec les cercles d'amateurs de théâtre et de poésie *kyōka*, qui se mirent à leur commander des estampes. Plusieurs d'entre elles furent d'abord éditées à tirage limité, avant de paraître en éditions grand public. Yoshikuni (actif entre 1803 et 1840, environ), chef du cercle de poésie Jukōdō, était lui-même dessinateur d'estampes. Ses œuvres célèbrent souvent des rôles et des représentations spécifiques, spécialement les apparitions de Nakamura Utaemon III, qui figure plus que n'importe quel autre acteur sur les estampes d'Osaka.

On sait peu de chose sur les origines et la formation initiale de Shunkōsai Hokushū. Le nom d'Hokushū suggère des liens avec Hokusai, qui visita Osaka en 1812 et 1817 et y publia des œuvres dès 1809, mais la nature de leurs relations est obscure. Certains des dessins d'Hokushū montrent la clarté linéaire du maître d'Edo et son usage dramatique des effets atmosphériques, comme ceux de ses élèves, surtout Hokuei (mort en 1836). Celui-ci était passé maître dans les scènes de fantasmagorie nocturne, pour lesquelles il utilisait le contraste entre l'ombre et la lumière, afin de souligner la violence du motif (ill. 91).

L'influence de l'école Utagawa s'accentua à Osaka après la visite de Toyokuni, en 1821, en compagnie d'une troupe de kabuki. Utagawa Sadamasu (connu aussi sous le nom de Kunimasu et actif entre 1834 et 1852) faisait partie des artistes qui suivirent Toyokuni à Edo pour une période d'études. Les estampes d'acteur de Sadamasu et de ses étudiants montrent des personnages à longue face anguleuse et larges épaules, caractéristiques de son école, tout en conservant la prédilection d'Osaka pour la richesse des fonds et les effets décoratifs (ill. 90).

La production d'estampes cessa presque à Osaka en 1842, à la suite de la promulgation des nouvelles lois somptuaires de l'ère Tenpō, mais, cinq ans plus tard, Hirosada commença à réaliser des portraits d'acteurs représentés en buste, de demi-format (*chūban*), sous les traits de personnages historiques et légendaires. Sa production devint ensuite prolifique et fit de lui l'artiste le plus fêté d'Osaka, durant les dernières années de la période Edo. Sa domination du monde de l'estampe s'explique à la fois par son talent et par ses liens continus avec les théâtres et les éditeurs locaux.

91. Shunkōsai Hokuei (mort en 1836). *Iwai Shijaku I dans le rôle de Dame Osuma et Bandō Jūtarō dans celui de Sasaya Hanbei*, 1832. Diptyque d'estampes à la planche de bois, de format *ōban*. Londres, Victoria & Albert Museum.

La pièce évoquée dans cette estampe tourne autour d'un conflit de famille provoqué par un serviteur intrigant. Dans la scène ci-dessous, Dame Osuma sort de la grotte où elle s'était cachée et braque une lumière sur Hanbei, le meurtrier de son beau-frère.

NAGASAKI : UNE FENÊTRE OUVERTE SUR LE MONDE

Pour les artistes japonais interdits de voyage à l'étranger, Nagasaki, située à l'angle nord-ouest de l'île de Kyūshū, à environ 960 kilomètres d'Edo, était le point d'accès direct à la culture chinoise et européenne. Jusqu'en 1639, date à laquelle le shogunat publia le dernier des cinq édits fermant officiellement le pays au monde extérieur, Nagasaki fut un port international très actif, qui attirait les marchands venus du Sud-Est asiatique, de Chine, de Corée et d'Europe. À la suite de la fermeture du pays, seuls les Hollandais, parmi les Européens, gardèrent le droit d'entrer ; ils étaient cependant confinés à Deshima, îlot artificiel dans le port, où les Japonais n'avaient pas accès, sauf pour les missions officielles. Les échanges avec la Chine, étroitement contrôlés par les autorités shogunales, continuèrent aussi, donnant même naissance à un petit quartier chinois. Le Japon garda des relations diplomatiques avec la Corée, mais l'essentiel du trafic commercial passa désormais par la petite île de Tsushima, située entre la Corée et le nord-ouest de Kyūshū. On trouvait toutefois quelques marchands coréens établis à Nagasaki.

Si le gouvernement accueillait les cultures chinoise et coréenne, son attitude vis-à-vis de la culture européenne était beaucoup plus ambiguë. Le christianisme était perçu comme une menace et les livres à sujet religieux rigoureusement interdits, mais l'on recherchait et étudiait avec passion les ouvrages scientifiques et médicaux. Si mal conçu qu'il fût, le contact avec la culture et les valeurs européennes força les savants et les artistes à se poser la question de la place du Japon dans le monde. Les ramifications complexes et alarmantes de cette enquête eurent un impact direct à la fois sur la vie des artistes et sur leur attitude face à l'art du XVIIIe siècle finissant.

La plupart des créations artistiques des soixante-quinze dernières années du gouvernement Tokugawa témoignent d'un intérêt croissant pour le monde extérieur, souvent accompagné d'un nouvel esprit de recherche empirique. L'importation de cartes européennes stimula aussi l'intérêt – sinon la compréhension – pour la géographie japonaise et mondiale, que reflétèrent les peintures, les estampes et même la décoration céramique. Les livres chinois et européens sur l'anatomie, la botanique et l'astronomie, les instruments venus d'Europe comme les microscopes, chambres noires et autres télescopes, offraient aussi de nouveaux moyens d'investigation, d'enregistrement et de classification du monde des phénomènes.

Les techniques artistiques chinoises et européennes, récemment introduites, modifièrent la perception et l'interprétation des sujets les plus consacrés. Certains artistes comme Okumura Masanobu (1686-

1764 ; ill. 92) adoptèrent ces innovations, essentiellement pour bénéficier du goût du public pour l'exotisme, mais d'autres cherchèrent à profiter de la circonstance pour transformer le langage visuel de leur temps. Tous furent influencés directement ou indirectement par les développements artistiques introduits *via* Nagasaki, mais il est bien difficile de déterminer si leurs sources ont été chinoises ou européennes : la plupart des artistes japonais tirèrent leur inspiration d'un mélange de sources.

Le monde artistique de Nagasaki se divisait *grosso modo* en deux groupes : l'un était influencé par la peinture, la calligraphie et les autres formes d'art introduites et pratiquées par les moines et les artistes émigrés venus de Chine ; l'autre, par les livres et les gravures que les Hollandais introduisaient au Japon. Dans leur grande majorité, les artistes de Nagasaki appartenaient à des lignées professionnelles facilement identifiables, chacune d'elles ayant son stock de modèles importés. Comme ces modèles étaient relativement rares, on les copiait et recopiait, ce qui permet de suivre les filiations artistiques d'une génération à l'autre, et de Nagasaki aux autres cités.

92. Okumura Masanobu (1686-1764). *Intérieur de bordel*, v. 1740 (détail de l'ill. 66, page 103). Estampe à la planche de bois, 31 x 45 cm. Allemagne, collection Geyger.

LES MOINES-ARTISTES DE LA SECTE ŌBAKU

Au XVIIe siècle, Kōfukuji, Fukusaiji et Sōfukuji – trois temples construits à Nagasaki sous le patronage des marchands chinois et avec l'approbation du shogunat – ont constitué les sources de connaissance les plus fécondes sur les développements intellectuels et artistiques de la Chine. Tous trois relevaient de la secte *ōbaku* du bouddhisme zen, qui édifia, au XVIIIe siècle, plus de quatre cents temples à travers le Japon. Le flot constant d'émigrés fuyant la Chine après la chute de la dynastie Ming, en 1644, fit que les abbés des grands temples *ōbaku* – les trois de Nagasaki, Manpukuji à Uji et Rajanki à Edo – furent chinois pour la quasi totalité de la période Edo. Ces moines émigrés apportèrent au Japon un afflux renouvelé de croyances et de pratiques chinoises, dont la consommation de *sencha*, qui devint rapidement aussi populaire que le *chanoyu*. Ils étaient aussi accompagnés d'architectes, de sculpteurs, de peintres professionnels et d'autres artisans, de sorte que leurs temples purent être construits, équipés et décorés conformément aux canons de la reli-

93. Anonyme.
Portrait du moine
ōbaku *Ingen*, avec une
inscription par Mokuan
(1611-1684). Rouleau
vertical, encre et
couleurs sur papier,
119 x 58 cm.
Collection Shōka.

Les portraits *ōbaku* se
distinguent par leurs
couleurs vives et par
leur sens puissant des
volumes, obtenu en
ombrant les secteurs
situés immédiatement à
l'intérieur des lignes de
contour.

gion chinoise. L'allure exotique des temples *ōbaku* – avec leurs toits ornés en deux parties, leurs avant-toits relevés, leurs arches d'entrée et leurs sols carrelés – faisaient une forte impression sur les Japonais, à la fois curieux et respectueux de tous les aspects de la culture chinoise.

Plusieurs moines *ōbaku* avaient une profonde connaissance de l'histoire et de la littérature chinoises, tout en étant des peintres et des calligraphes accomplis. L'abbé de Kōfukuji, Yiran Xingyong (en japonais, Itsunen Shōyū ; 1601-1668), collabora à la fondation d'une école de peinture qui comprenait Watanabe Shūseki (1639-1707), dont le disciple forma le pionnier de la peinture Lettrée, Yanagisawa Kien. Shūseki lui-même fut le premier peintre de Nagasaki à occuper les fonctions officielles d'« inspecteur de l'art étranger » (*karae mekiki*). Les titulaires de ce poste devenu héréditaire, qui jouissaient d'un statut officiel comparable à celui des membres de l'école Kano, étaient chargés de l'expertise et de l'estimation des peintures importées de Chine. Les devoirs de leur fonction impliquaient également l'exécution de copies exactes des peintures et autres articles importés. Bien que ces « inspecteurs » ne fussent pas au nombre des peintres les plus accomplis de Nagasaki, ils étaient essentiels dans la diffusion des modèles étrangers.

L'influence *ōbaku*, très répandue dans les arts, fut spécialement marquée dans le domaine du portrait et de la calligraphie. Dans la secte zen, les effigies des maîtres (*chinsō*) servaient traditionnellement de récompenses pour les disciples et d'objets de vénération à des fins commémoratives. Ces deux pratiques continuèrent dans les temples *ōbaku*. Le moine Yinyuan (en japonais, Ingen ; 1592-1673), longtemps patriarche de la secte au Japon et premier abbé de Manpukuji, est connu par une bonne douzaine de portraits, tous n'étant pas réalisés d'après nature (ill. 93).

Malgré sa puissante évocation de l'autorité physique et spirituelle de Yinyuan, l'œuvre anonyme reproduite ici est, selon toute vraisemblance, la copie fidèle d'une œuvre antérieure. L'inscription poétique a été ajoutée deux ans après la mort d'Yinyuan, par son successeur Muan Xingtao (en japonais, Mokuan Shōtō ; 1611-1684), admiré pour sa calligraphie à la fois robuste et fluide. Les vers rendent hommage à l'état d'illumination atteint par le sujet :

Tenant son bâton, il souligne
Que les hommes ont d'abord été sans forme,
Sinon, la véritable forme n'aurait pu être formée.
Homme bienveillant et naturellement humain,
Car si l'on saisit soudain
Et que l'on reste fidèle à l'enseignement,
On commence à comprendre
Que les discriminations sont vaines.

LES ARTISTES CHINOIS DE PASSAGE ET LEURS ÉLÈVES

Plusieurs artistes chinois visitèrent Nagasaki aux XVIIIᵉ et XIXᵉ siècles, mais tous n'étaient pas de même stature artistique. En raison du respect japonais pour la culture chinoise, même des talents médiocres dans leur pays d'origine pouvaient trouver des élèves et un marché pour leur peinture. Shen Quan (en japonais, Shen ou Chin Nanpin ; 1682-1760 ?), artiste peu connu dans son pays natal, séjourna à Nagasaki de 1731 à 1733 ; il fut l'un des plus accomplis et des plus influents. Shen Quan était spécialisé dans la représentation réaliste et brillamment colorée d'oiseaux, de fleurs, de poissons, d'insectes et de créatures plus ou moins exotiques. Ses œuvres révèlent une double dette envers l'académisme des Song et le réalisme des Ming. Peu de ses peintures ont survécu et plusieurs de celles qu'on lui attribuait traditionnellement sont aujourd'hui considérées comme des travaux d'autres artistes chinois dont les noms ont été oubliés, ou bien des œuvres de ses élèves japonais, Kumashiro Yūhi et Sō Shiseki (1715-1786), ou de leurs nombreux disciples. L'appellation d'école de Nagasaki est généralement utilisée pour décrire le genre réaliste des « fleurs-et-oiseaux » (*kachōga*) qu'ils ont popularisé.

Oiseaux et fleurs figuraient depuis longtemps dans la peinture japonaise, mais ils avaient fonctionné jusque-là comme métaphores des saisons plutôt que comme sujets à part entière. Les influences récentes de la Chine et de l'Occident redonnèrent un sang neuf à cette tradition, longtemps dominée par les peintres Kano et Tosa, en lui insufflant des qualités nouvelles qui satisfaisaient simultanément la fascination des valeurs empiriques et le goût profondément enraciné pour le luxe et l'exotisme aux couleurs sensuelles.

Coq et poule sous un saule, par Shiseki (ill. 94), illustre bien la synthèse entre la précision de la représentation et les tons décoratifs de joyaux que le public japonais trouvait si attirants. Shiseki a peint cette vignette en utilisant toute une gamme de techniques caractéristiques de l'école de Nagasaki : pointillé pour donner du volume au tronc d'arbre, application de couleur en *mokkotsu* – la « manière désossée » – pour traiter les fleurs, utilisation de minuscules traits de pinceaux pour rendre les plumes. Cette approche de la composition et cette technique méticuleuse pour rendre le plumage ont été reprises ensuite par le peintre de Kyoto Jakuchū, qui était très lié aux moines de la secte *ōbaku*.

Shiseki fut responsable de l'introduction du style de Nagasaki à Edo. On sait peu de chose sur sa première formation artistique dans la capitale shogunale où il était né et où il vécut jusqu'à son voyage à Nagasaki, dans l'espoir de suivre les leçons d'un maître chinois. Tou-

tefois, après avoir étudié dans cette cité portuaire avec le peintre chinois Song Ziyan (en japonais, Sō Shigan), dont il prit le nom d'artiste, il devint un promoteur zélé de l'école de Nagasaki et publia plusieurs manuels sur ses sujets et sur ses styles. Son intérêt pour les techniques picturales européennes l'amena aussi à s'associer étroitement avec Hiraga Gennai (1728-1780), le spécialiste des « études hollandaises » (*Rangaku*) à Edo, dont il illustra l'importante compilation de matière médicale.

94. Sō Shiseki (1715-1786). *Coq et poule sous un saule*, 1770. Rouleau vertical, encre et couleurs sur soie, 66 x 136 cm. Musée de la préfecture de Nagasaki.

LES PEINTRES À LA MODE OCCIDENTALE

Avant l'interdiction du christianisme, certains artistes japonais avaient expérimenté les techniques de clair-obscur et de perspective scientifique. Ils avaient aussi contribué à satisfaire la curiosité sur l'allure et les coutumes des Européens en peignant de vastes compositions de paravent connues sous le nom de « peintures des barbares méridionaux » (*Nanban-zu*), parce que l'on pensait que les marchands portugais venaient du sud. On y voyait l'arrivée d'immenses navires noirs portugais, des cortèges de marchands, de matelots et de jésuites traversant les rues remplies de curieux. Ces peintures étaient exécutées pour la plupart à Kyoto par des artistes Kano et Tosa, d'après des répertoires de modèles plutôt que d'après nature. La production de ce genre de paravents cessa vers 1639, une fois que le pays eut été officiellement fermé aux Portugais et que l'on eut interdit tout sujet étranger dans les arts figuratifs. La politique officielle d'isolationnisme renforça le désir de connaissances sur le monde

extérieur. À la suite du relâchement des interdictions d'importation, les peintures de sujets étrangers retrouvèrent leur popularité, spécialement à Nagasaki. Pour satisfaire les exigences d'un nombre croissant de « touristes », des éditeurs entreprenants se mirent à publier des estampes bon marché montrant les étrangers hollandais et chinois dans leurs activités quotidiennes, des vues de leurs navires et des curieux chargements – éléphants et chameaux, par exemple – qu'ils débarquaient au Japon. Les femmes étrangères, officiellement interdites de séjour à Deshima, étaient des sujets spécialement populaires (ill. 95). La jeune beauté ici représentée est peut-être l'épouse d'un artiste qui avait accompagné von Siebold au Japon, mais que le gouvernement du shogun invita sans délai à prendre le chemin du retour. Ces estampes, en raison de leurs sujets « exotiques », étaient très recherchées, bien qu'elles fussent moins élaborées, techniquement et artistiquement, que leurs homologues d'Edo et d'Osaka ; la plupart d'entre elles étaient publiées chez Yamatoya, la plus importante maison d'édition de Nagasaki.

Le gouvernement ne tenait pas le mouvement *Rangaku* comme une menace intrinsèque et respectait la peinture occidentale pour ses qualités techniques plutôt qu'esthétiques. De nombreux savants-fonctionnaires considéraient leur étude de l'art européen comme partie intégrante d'une recherche sur la nature du monde physique, pratique encouragée et louée par le confucianisme le plus orthodoxe. Cette conception toute pragmatique anima les recherches des artistes et des savants du mouvement *Rangaku*, tels qu'Hiraga Gennai.

Bien qu'il fût un peintre de talent plutôt modeste, cet écrivain et savant naturaliste a été une figure emblématique dans la promotion de l'art occidental. Né dans une famille de samurais de rang inférieur, sur l'île de Shikoku, il fut envoyé par son suzerain à Nagasaki, en 1752, pour y étudier la médecine par les plantes. Au cours de ce séjour, puis des voyages qu'il effectua par la suite dans tout le pays, il contribua à mettre sur pied un réseau de médecins et de savants qui se rencontraient périodiquement pour étudier et discuter les sciences occidentales et chinoises (ill. 6). Gennai initia aussi les membres de son cercle aux techniques et aux matières picturales de l'Occident,

95. Anonyme.
Jeune femme hollandaise avec un perroquet, v. 1830-1844. Estampe à la planche de bois, 41,6 x 15,9 cm. Londres, British Museum.

Les femmes étrangères étaient des sujets populaires dans les estampes de Nagasaki.

expérimentant lui-même la peinture à l'huile et la gravure sur plaque de cuivre.

Il trouva un public enthousiaste pour ces nouveaux modes d'expression visuelle dans les parages septentrionaux d'Honshu. Inspiré par Gennai, le seigneur féodal d'Akita, Satake Shiozan (1748-1786) développa un genre de peinture qui mariait les techniques occidentales de perspective linéaire et de clair-obscur avec le réalisme décoratif de l'école de Nagasaki. Plusieurs compositions de ce que l'on appela finalement « l'école d'Akita » représentent de grands oiseaux sur fond de paysage, comme chez Sō Shiseki ou des sujets d'inspiration « hollandaise ».

Odano Naotake (1749-1780) est l'un des talents les plus originaux parmi les artistes du « style occidental » émergés de l'école d'Akita. Né à Akita dans une famille de samurais au service des Satake, il était déjà rompu aux styles de l'école Kano et à la tradition « oiseaux-et-fleurs » de Shen Quan lorsqu'il rencontra Gennai. En raison de son talent artistique naturel, Naotake fut expédié à Edo pour suivre les leçons de Gennai entre 1773 et 1777, puis de nouveau en 1778-1779. Durant cette période, il est possible qu'il ait étudié avec Sō Shiseki. On ignore s'il a ou non rencontré Shiba Kōkan, qui partageait ses inté-

96. Odano Naotake
(1749-1780)
Le Bassin de Shinobazu,
fin du XVIIIᵉ siècle.
Rouleau vertical, encre
et couleurs sur soie,
98,5 x 130 cm.
Akita, musée d'Art
moderne.

Le bassin de Shinobazu, au milieu duquel se trouvait une île avec un sanctuaire consacré à Benzaiten, déesse de la Bonne Fortune, était une curiosité fameuse d'Edo. Dans cette interprétation, cependant, le sanctuaire, relégué dans l'ombre du lointain, est subordonné au vase de pivoines éclatantes du premier plan.

rêts intellectuels et artistiques. Son séjour à Edo, dans une période de grand épanouissement culturel, lui fit connaître un grand nombre de locaux, de Chinois et d'influences occidentales, qu'il assimila et synthétisa dans son œuvre avec un bonheur inhabituel (ill. 96).

Bien que dépourvu de la formation intellectuelle rigoureuse des savants *Rangaku* à qui il était associé, Shiba Kōkan (1747-1818) voyait aussi dans l'empirisme occidental un agent de modernisation. Promoteur et vulgarisateur habile de ses propres œuvres, il organisa avec succès la diffusion de son art auprès d'un vaste public. Kōkan commença sa carrière comme fabricant de faux Harunobus (peintures et estampes), à une époque où la popularité de cet artiste était sans rivale à Edo. Le talent de Kōkan et sa curiosité intellectuelle le conduisirent finalement vers Gennai et Shiseki, avec qui il commença d'expérimenter les techniques de gravure sur cuivre et de peinture à l'huile.

En 1788, après une longue période d'études personnelles et de rencontres occasionnelles avec des commerçants hollandais, lors de leur visite annuelle à Edo, il finit par se rendre à Nagasaki. Il lui fut impossible d'y trouver, comme il l'avait espéré, un artiste occidental avec qui travailler, mais les expériences qu'il y fit le confortèrent dans son idée de la supériorité des techniques picturales européennes. Tout en reconnaissant l'importance traditionnellement attribuée à la peinture sino-japonaise pour évoquer l'essence ou l'esprit d'un sujet plutôt que sa simple forme extérieure, il fut très impressionné par les potentialités des techniques européennes pour arriver aux mêmes fins.

Kōkan finançait ses voyages avec des démonstrations de peinture et la présentation de curiosités en sa possession : jumelles, chambre noire, gravures sur cuivre de sa fabrication. Alors qu'il était à Osaka, il réalisa même pour Kenkadō un dessin à la plume (aujourd'hui perdu) du port de Nagasaki. Ses vues des curiosités spectaculaires d'Edo et d'ailleurs révèlent sa maîtrise des techniques de gravure et d'illusionnisme optique. Ses essais dans le domaine de la peinture à l'huile vont des représentations d'oiseaux et de fleurs à des scènes d'artisans européens, en passant par des paysages. Ses talents de peintre, combinés aux mélanges d'huile, de cire, de blanc d'œuf et de craie qu'il utilisait pour imiter la surface brillante des huiles européennes et obtenir de nouveaux effets, lui valurent un énorme succès et une influence considérable auprès des artistes d'Edo. Les estampes d'Hokusai – avec qui il partageait une véritable fascination pour le mont Fuji – doivent beaucoup aux innovations de Kōkan (ill. 97).

Beaucoup d'artistes vivaient ou se rendaient à Nagasaki dans l'espoir de trouver un maître chinois ou européen, mais Kawara Keiga (1786-1860) a été l'un des rares à bénéficier d'une longue et étroite relation avec un mentor européen particulièrement éclairé. Né dans une famille de peintres et d'estampistes professionnels à

97. Shiba Kōkan (1747-1818).
La plage des Sept-Lieues, à Kamakura (Shichirigahama), v. 1800. Rouleau vertical, huile sur soie, 47 x 73,7 cm. Nara, Yamato Bunkaran.

Pour représenter ce lieu célèbre de Kamakura, Kōkan s'est inspiré de sa connaissance des techniques picturales occidentales, afin d'exprimer la relation spatiale entre la vaste plage curvilinéaire, les vagues qui viennent se briser sur la ligne du rivage et le mont Fuji au lointain. Tout entier à son admiration pour l'Occident, l'artiste a même rédigé une inscription en caractères latins.

Nagasaki, Keiga était déjà un artiste expérimenté lorsqu'il rencontra le Docteur Philipp Franz von Siebold, médecin du comptoir hollandais de Deshima de 1823 à 1829. Reconnaissant son talent, von Siebold l'employa à réaliser des dessins très précis de la flore, de la faune, des populations, des coutumes et de la topographie du Japon. Plusieurs de ces œuvres sont d'un grand intérêt ethnographique, car elles ont enregistré des aspects de la culture japonaise – y compris la vie et les coutumes des Aïnous et d'autres minorités ethniques – dont il reste peu de témoignages picturaux.

Von Siebold s'intéressait à beaucoup de domaines : médecine, histoire naturelle, langage et ethnologie ; durant son séjour au Japon, il se consacra à collectionner des documents et des objets locaux qu'il se proposait à exposer en public à son retour en Europe. Son musée et son monumental *Nippon* – la première étude savante sur le Japon parue en une langue occidentale – ouvrirent les yeux des Européens sur les qualités de l'art japonais. Pour rassembler le matériel qu'il souhaitait, il cultiva l'amitié de nombreux savants et artistes. En 1829, von Siebold fut malheureusement contraint de quitter le Japon, après que Keiga eut été accusé de lui avoir communiqué des cartes classées. Le départ de von Siebold marqua apparemment la fin de la carrière artistique de Keiga, car on sait très peu de chose sur lui par la suite.

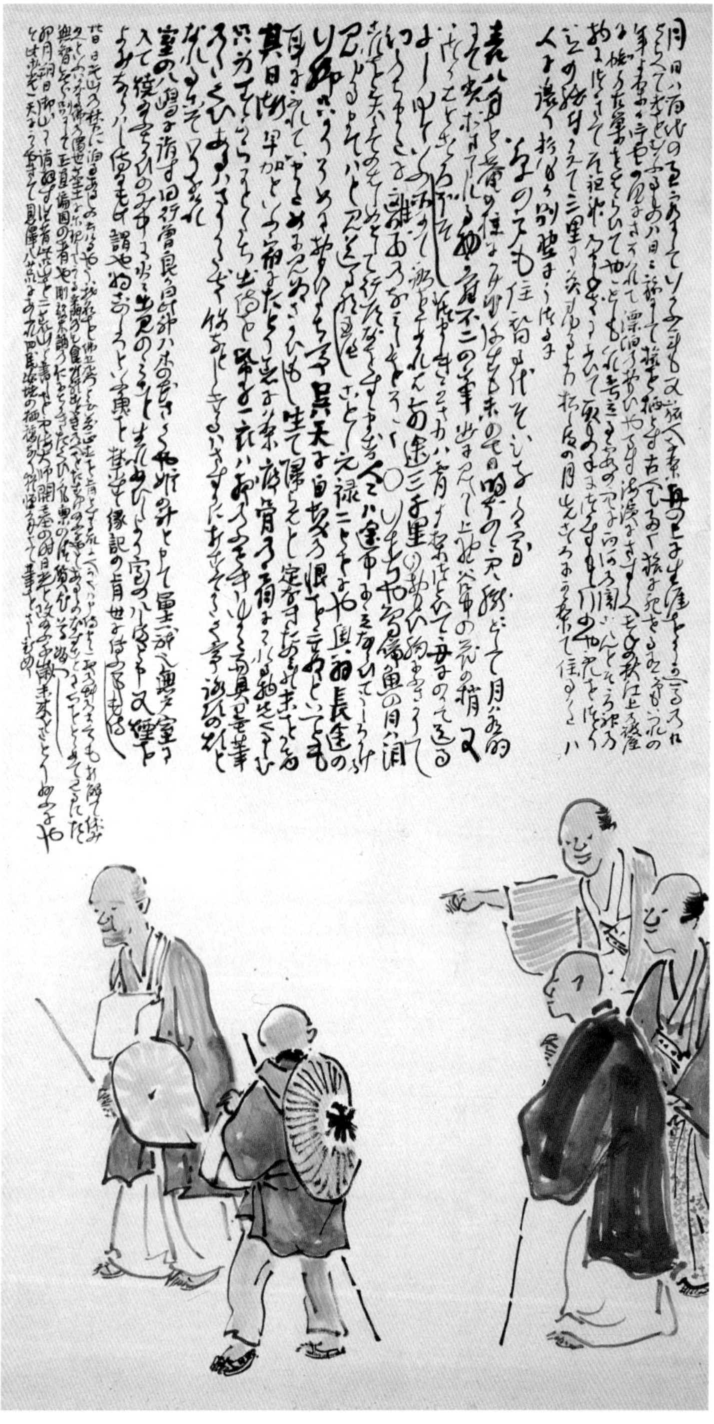

CHAPITRE V

ARTISTES ITINÉRANTS, PROVINCIAUX ET RURAUX

98. Yosa Buson
(1716-1783).
La Route étroite vers le Nord profond, 1779
(détail). Paravent pliant, encre et couleurs sur papier, 140 x 350 cm.
Musée d'art de Yamagata.

L'union de la peinture et de la poésie est partie intégrante de l'esthétique du *haiga* et de la peinture Lettrée, deux genres dans lesquels Buson excellait.

Kyoto, Edo, Osaka et Nagasaki offraient à leurs habitants une incomparable diversité d'activités culturelles, mais le tracé des routes et des voies d'eau établi par le shogunat Tōkugawa assurait un flux culturel constant entre ces cités. Les artistes itinérants ont été des intermédiaires clefs dans ce réseau de relations tissé entre les grandes métropoles, les cités provinciales et les zones rurales. Ils ont aidé à modeler la perception des gens et des lieux qu'ils visitaient ; inversement, leur sensibilité visuelle était nourrie et modifiée par l'expérience du voyage. De leur côté, les artistes provinciaux et ruraux contribuèrent aussi à la culture régionale et urbaine, en créant des œuvres de style bien particulier pour vendre à la ville.

Afin de faciliter sa mainmise politique et économique, le gouvernement Tōkugawa créa un système de cinq grands itinéraires – le Tōkaidō, le Kisokaidō ou Nakasendō, le Kōshūdō, le Nikkōdō et l'Oshūdō – chacun d'eux étant ponctué par de nombreux relais de poste officiels. Le Tōkaidō – 560 kilomètres de route côtière entre Edo et Kyoto – enregistrait le trafic le plus intense, mais le Kisokaidō, à l'intérieur des terres, était également très emprunté. Pour promouvoir le commerce et les communications dans les secteurs où le voyage terrestre était difficile, le gouvernement développa aussi un système de transport maritime. La route occidentale partait de Matsumae, avant-poste septentrional du Japon dans l'île d'Hokkaidō, suivait la côte de la mer du Japon, franchissait le détroit de Shimonoseki et longeait la mer Intérieure jusqu'à Osaka. Il existait aussi des routes plus courtes le long de la côte est, y compris pour le transport et le trafic entre Osaka et Edo. Une circulation constante unissait ainsi, par terre et par mer, les métropoles, les villes-forteresses, les relais de poste, les villes de marché, les centres religieux, les ports et les villages agricoles, sur toute l'étendue de l'archipel.

Durant la période Edo, il est à peine exagéré de dire que le Japon a été une nation de gens en voyage. Les seigneurs féodaux et leurs vassaux se déplaçaient régulièrement entre Edo et leurs provinces d'origine, contribuant aux échanges culturels entre les régions. Selon la taille et la richesse de leurs fiefs, ce genre de cortège pouvait compter jusqu'à vingt mille personnes, avec parfois des artistes parmi elles. On pense qu'Hiroshige a accompagné l'un de ces groupes pour réaliser les esquisses préliminaires de ses *Cinquante-trois étapes sur le Tōkaidō*, dont plusieurs montrent des membres de la suite d'un daimyo. Outre ces voyageurs « officiels », les routes étaient parcourues par des marchands et des colporteurs, des ascètes itinérants, des pèlerins et des touristes.

La plupart voyageaient à pied. Le voyage à dos de cheval était coûteux et les chevaux servaient d'abord à porter les bagages trop lourds pour les portefaix. Les palanquins de divers types, véhiculant un seul passager à l'intérieur d'une nacelle soutenue par deux serviteurs ou plus, furent longtemps réservés à l'élite féodale et aristocratique, aux femmes et aux enfants, aux vieillards et aux malades. Le modèle le plus simple était une grande corbeille de bambou, mais l'on utilisait des modèles de luxe (*norimono*), laqués et dorés dans les meilleurs ateliers, pour les mariages et d'autres occasions exceptionnelles (ill. 99).

Géographiquement et climatiquement, le Japon change énormément du nord au sud et de l'est à l'ouest ; ces différences régionales se reflètent dans la culture. La dichotomie était particulièrement nette entre le Kantō, au nord-est, dominé par Edo, et le Kansai ou Kamiga-

99. Palanquin, début du XIXe siècle. Laque et or sur bâtis de bois, compartiment de 130 x 140 x 97 cm. Washington D.C., Smithsonian Institution, Sackler Gallery.

Le travail, la somptuosité de l'objet et les armes figurant sur le décor de laque indiquent que ce palanquin a été fabriqué pour une cérémonie de fiançailles dans la famille des shoguns Tokugawa.

ARTISTES ITINÉRANTS, PROVINCIAUX ET RURAUX

tan, au sud-ouest, dominé par Kyoto et Osaka (ill. 100). Le « col d'Osaka », près d'Ōtsu, marquait traditionnellement la frontière entre ces deux régions. Le Kansai atteignait, en général, le plus haut niveau de productivité agricole et jouissait d'une supériorité économique et culturelle manifeste sur l'ensemble du pays. Les zones rurales du Kansai assuraient une transition vers les activités commerciales au début de la période Edo. Par la suite, elles furent intégrées plus rapidement et plus complètement dans la sphère urbaine que dans les zones correspondantes du Kantō. Le haut niveau de vie qui en résulta permit à de nombreux agriculteurs de s'adonner aux activités intellectuelles et de construire de belles résidences, en y incorporant des éléments d'architecture empruntés aux demeures urbaines des classes supérieures. Toutefois, même après l'établissement d'Edo et l'expansion des terres arables aux alentours, la rudesse du climat et la difficulté d'exploitation des sols freinèrent le développement dans les régions septentrionales. Durant toute la période Edo, ces dernières restèrent culturellement arriérées, avec quelques poches de développement. Pour beaucoup de religieux et de missionnaires, cependant, cette situation présentait plus d'avantages que d'inconvénients.

L'expérience du voyage modifiait la perception de l'artiste citadin et la représentation des régions septentrionales, autrement peu familières. Jusqu'à la période Edo, seul un petit nombre d'artistes avait vraiment visité les lieux spectaculaires (*meisho*) célébrés depuis long-

100. Fermes du XIXᵉ siècle à Shirakawa, dans la préfecture de Gifu. Le climat détermine des différences marquées dans l'architecture rurale. Les fermes du centre nord du Japon (régions du Kantō et du Chūbu) ont plusieurs étages et des toits très pointus. Les étages supérieurs étaient utilisés pour l'élevage des vers à soie.

temps par la poésie et par la peinture. Le changement marqué entre la « visualisation » à prédominance poétique d'un lieu et sa représentation plus empirique est manifeste dans tous les arts. Les différences entre le panorama poétique, mais d'une topographie assez vague, réalisé par Sōtatsu pour les îles de la baie de Matsushima (préfecture moderne de Miyagi), et la vue précise des dangereux tourbillons de Naruto, entre Honshū et l'île de Shikoku, immédiatement identifiables, sont révélateurs de cette transformation (ill. 101 et 39).

Les croyances religieuses japonaises avaient longtemps souligné les liens étroits entre l'homme et la nature, mais, à partir de la fin du XVIII siècle, les progrès techniques et agricoles avaient commencé à faire évoluer les mentalités. La sensibilité et le respect envers la nature continuaient d'informer les arts plastiques et littéraires. Cependant, cette façon de voir était tempérée par une préoccupation croissante selon laquelle la connaissance empirique pouvait être mobilisée pour asservir les ressources naturelles au bien-être des hommes. Hiraga Gennai était du nombre des savants *Rangaku* qui soutenaient cette attitude et, ce faisant, encourageaient les efforts, dans de nom-

101. Andō Hiroshige (1797-1858).
Vue des tourbillons de Naruto, 1857. Triptyque
d'estampes à la planche de bois, de format *ōban*.
Londres, British Museum.

Dans cet étonnant panorama, les eaux tourbillonnantes
du premier plan contrastent avec la sérénité de
l'horizon côtier. L'artiste a adapté les principes
occidentaux de la perspective, pour obtenir une
impression convaincante de profondeur picturale.

breuses régions, pour exploiter au mieux les ressources locales afin de
produire des marchandises à haute valeur ajoutée (soie et teintures) et
développer les industries telles que textiles, céramiques et laques. Une
situation avantageuse, à proximité d'une voie de communication ou
d'un port, et la présence de ressources naturelles étaient des facteurs
clefs pour la croissance de ce genre d'industries.

Le développement d'une économie rurale diversifiée, plus vigou-
reuse dans le Kansai que dans le Kantō, diminuait la capacité du pouvoir central à planifier et contrôler l'économie à partir du centre,
affaiblissant du même coup le pouvoir des villes et renforçant inversement celui des provinces. Avec l'essor de l'économie rurale et la
stagnation – voire le déclin – des revenus des citadins (spécialement
de la classe des samurais), les grands fermiers prospères commencèrent d'attirer les artistes loin des grandes cités, vers les villes et les villages de l'arrière-pays. Les productions régionales et le mécénat artistique investirent les provinces d'une autorité culturelle nouvelle.
Même si cette autorité n'égala jamais celle de la cité, elle la nourrit de
plusieurs façons.

MOINES-ARTISTES ITINÉRANTS
ET ART DE PÈLERINAGE

102. Enkū (1632-1695).
Le Prince Shōtoku,
XVIIᵉ siècle.
Bois, haut. 102 cm.
Naka Kannondō,
ville de Hajima.

Ce prince du VIIᵉ siècle,
considéré comme le père
du bouddhisme japonais,
était l'objet d'une grande
vénération dans tout le
pays. On le représentait
souvent sous les traits
d'un enfant
en prière.

Les pèlerinages aux montagnes sacrées, aux sanctuaires et aux temples, ou autres lieux associés à de saints personnages, avaient toujours figuré en bonne place dans la vie religieuse japonaise depuis les premiers temps. Toutefois, jusqu'à la fin du XVIᵉ siècle, ce genre de pérégrinations était largement réservé à des voyageurs peu orthodoxes, connus sous le nom d'*hijiri*, *yūgyōsha* ou *yamabushi*, ou à des membres de l'élite espérant s'attirer ainsi du mérite religieux ou d'autres bénéfices. Dans la période Edo, l'amélioration des routes, le renforcement de la sécurité et la disponibilité de nouvelles commodités de voyage contribuèrent à augmenter le nombre des pèlerinages, pour les ecclésiastiques comme pour les laïcs, toutes classes confondues. Si les voyages de groupe par des membres d'associations étaient particulièrement populaires, les voyages religieux des individus isolés se multipliaient également. Parmi ces derniers figuraient des moines, des artistes et des prêcheurs, certains dûment et officiellement mandatés. D'autres, au contraire, finançaient leurs voyages en exécutant des peintures et des statues de dévotion, le long de leur route, ou en se consacrant au prosélytisme à l'aide de leur production ou d'images pieuses sorties des ateliers spécialisés.

Pour la plupart d'entre eux, les saints voyageurs manquaient de formation professionnelle et créaient des œuvres qui paraissent gauches et techniquement naïves, en regard des critères artistiques urbains. Pourtant, l'attrait de ce genre de production dépassait largement la population rurale dénuée d'éducation artistique. L'expressivité et la naïveté qu'elles incarnaient trouvaient une audience attentive, même auprès des citadins les plus blasés. Certains artistes urbains, comme Jakuchū à Kyoto et Kuniyoshi à Edo, allèrent jusqu'à réaliser des œuvres dans lesquelles ils supprimaient délibérément leur habileté technique, afin d'obtenir – artificiellement – les effets spontanés et sans prétention de leurs confrères des campagnes.

Les moines-artistes itinérants ne signaient pas leur statuaire sculptée, Enkū (1632-1695) et Mokujiki (1718-1810) étant de rares exceptions. Les spécialistes modernes ont suivi l'itinéraire d'Enkū grâce aux milliers d'images en bois qu'il a laissées sur toute l'étendue du pays (probablement imitées aussi par ses disciples et par des émules postérieurs). Toutes sont des figures grossièrement taillées, non peintes, avec des marques de ciseau clairement visibles – une tradition qui plongeait ses racines dans un genre de statuaire religieuse créé dès le XIIᵉ siècle par des *yamabushi* itinérants, membres, comme Enkū, de l'ordre *shūgendō*. Ce mouvement religieux combinait des éléments du bouddhisme, du taoïsme et du shintoïsme ; il prescrivait des pratiques ascétiques dans les montagnes, afin de gagner des pouvoirs magiques susceptibles de profiter à la communauté. Les statues d'Enkū comprennent des divinités du canon bouddhique traditionnel, des personnages du folklore populaire et des divinités de la tradition shintoïste (ill. 102). Certaines ont été sculptées dans des conditions volontairement difficiles, à l'intérieur de grottes sombres, en guise de mortifications intégrées à la pratique religieuse des *yamabushi*. D'autres ont été réalisées à la demande de dévots qui avaient offert l'hospitalité au saint homme.

Né dans une modeste famille de fermiers de la ville de Hajima (préfecture moderne de Gifu), Enkū devint un personnage si connu que sa biographie a été intégrée plus tard dans les *Biographies des originaux des époques récentes*, ouvrage publié à Kyoto. On y lit qu'Enkū a prononcé très jeune les vœux bouddhiques, mais qu'il s'est enfui du temple pour mener une vie d'ermite sur le mont Fuji ; plus tard, il a effectué de nombreux pèlerinages aux montagnes sacrées jusqu'à Hokkaido, tout au nord de l'archipel. En attribuant des pouvoirs miraculeux aux images qu'il sculptait en chemin, à l'aide d'un unique ciseau de sculpteur, la biographie d'Enkū reflète l'identification de la vie non conventionnelle et de la créativité artistique, conception très répandue vers la fin de la période Edo.

Mokujiki, né lui aussi dans une famille de paysans, prononça les vœux bouddhiques à un âge relativement avancé et ne commença de sculpter qu'à partir de soixante ans. Sa carrière de moine-sculpteur itinérant est intimement liée à ses pratiques religieuses. Le nom même de Mokujiki – littéralement « celui qui mange le bois » – suggère qu'il suivait une forme extrêmement rigoureuse d'ascétisme *shugendo* impliquant de consommer uniquement des fruits et des légumes sauvages, bien qu'il puisse aussi se rapporter à sa prodigieuse activité de sculpteur. Mokujiki, comme avant lui Enkū, a essaimé une multitude d'œuvres à travers tout le pays, certaines émanant de sa piété personnelle, d'autres réalisées sur commande. Le style sculptural de Mokujiki est marqué par un rythme apaisant, des formes et des drapés arrondis, contrastant avec le style anguleux et brusque d'Enkū (ill. 103).

Les moines de l'école zen *rinkai* étaient très actifs dans les régions provinciales et plusieurs d'entre eux utilisaient la peinture et la calligraphie pour aider leurs disciples. Ces artistes peignaient presque tous en lavis d'encre monochrome, insufflant à leur œuvre une conviction spirituelle et une touche personnelle absentes des peintures religieuses conventionnelles de leurs confrères laïcs. Le choix de sujets sans prétention, l'économie de moyens, et les qualités volontairement « naïves » de ces peintures, connues sous le nom de *zenga* (« peintures zen »), ont beaucoup de traits communs avec le *haiga*, mode de peinture associé au *haikai*.

103. Mokujiki (1718-1810). *Fudō Myōo*, 1789. Bois, haut. 75,6 cm. Tokyo, musée des Arts populaires du Japon.

Mokujiki a sculpté cette image assez tôt dans sa carrière, alors qu'il séjournait dans un temple de Kyushu, le Hyūga Kokobunji. Il a traité la divinité bouddhique de façon non conventionnelle : le canon iconographique prévoyait que Fudō devait avoir un lasso dans une main, une épée dans l'autre, et qu'il devait être entouré d'un halo de flammes.

Hakuin Ekaku (1686-1769) a déployé une imagination exception-nelle dans son utilisation didactique des arts visuels et il a réussi, ce faisant, à recruter des disciples pour la secte rinzai dans les milieux populaires. Moine d'origine modeste, Hakuin était né à Hara, l'un des relais de poste de la route Tōkaidō, et il demeura dans le Kantō jusqu'en 1718, date à laquelle il se rendit à Kyoto pour un bref séjour d'études, apparemment non satisfaisant. Il mena ensuite une vie

104. Hakuin Ekaku (1685-1769). *Aveugles franchissant un pont.* Rouleau vertical, encre sur papier, 19 x 67 cm. Collection privée.

errante, voyageant dans tout le Japon et ne revenant que périodique-ment à son temple de Shōinji, à Hara. Il peignait des sujets zen tradi-tionnels, tels que des portraits de Bodhidharma (en japonais, Daruma), le fondateur de la secte zen, et d'Avalokitesvhara (en japo-nais, Kannon), le *bodhisattva* de miséricorde ; mais il créa aussi des peintures humoristiques, des caricatures et des paraboles figurées pour servir de sermons visuels à ses disciples.

Aveugles franchissant un pont (ill. 104) – un sujet de son invention – est typique de son œuvre, avec cette union du spécifique et de l'uni-versel qui lui confère sa puissance. Le cadre est un pont étroit – en fait, une grosse poutre – qui franchissait le Kanō, près de Shōinji, mais les silhouettes des voyageurs aveugles cherchant leur chemin à tâtons au-dessus de l'abîme, suggèrent métaphoriquement la diffi-culté du chemin vers l'illumination. Le thème est repris dans le petit poème, noté dans la fine écriture de Hakuin :

> « La vie intérieure et le monde flottant autour de nous
> Ressemblent aux aveugles du pont étroit –
> Un esprit capable de franchir est le meilleur guide. »

Bien que le gouvernement féodal limitât les voyages d'agrément ou de tourisme, il ne refusait pas – en règle générale – les autorisa-tions de visiter les sanctuaires et les temples, ou les séjours curatifs aux sources chaudes. En conséquence, les pèlerinages (ou les virées touristiques camouflées en pèlerinage) devinrent si populaires que les autorités durent promulguer des édits stipulant les jours où l'on pou-vait voyager, la durée et le nombre des voyages que l'on pouvait faire. Les éditeurs de Kyoto, Osaka et Edo fournissaient aux pèlerins des cartes et des guides illustrés signalant les sites poétiques et historiques visibles à travers le pays. Avec la croissance des pèlerinages, les districts voisins des sanctuaires et des temples les plus populaires développèrent des activités commerciales lucratives, en proposant le vivre, le couvert et les distractions, ainsi que des objets de piété parmi lesquels des images pieuses. De petits ateliers de peinture se créèrent et prospérèrent dans les villes et les villages qui jalonnaient les routes principales, pour vendre des « souvenirs » aux pèlerins.

À Ōtsu, un petit village sur les rives du lac Biwa qui était la dernière étape avant Kyoto sur le Tokaido, des familles se spécialisèrent en peintures et estampes rudimentaires (les estampes étant, par exemple, coloriées à la main), que les voyageurs pouvaient facilement emporter chez eux comme souvenir et talisman protecteur. Les sujets religieux prédominaient dans les premiers exemples d'Ōtsue (« peintures d'Ōtsu »), mais le répertoire s'agrandit au XVIIIᵉ siècle jusqu'à inclure une vaste gamme de sujets profanes (ill. 105). Par exemple, le portrait peu flatté d'un soudard féodal, porteur de hallebarde, qui ouvrait les processions du daimyo, reflète l'impopularité de ces hommes imbus d'eux-mêmes, au passage desquels les gens du peuple devaient se prosterner, en signe de respect. La popularité durable des *ōtsue* et les nombreuses références que l'on trouve à leur sujet dans la littérature, durant la période Edo, suggèrent même que les esthètes raffinés de la ville appréciaient ces peintures bon marché pour se reposer parfois des œuvres plus sophistiquées que l'on pouvait se procurer dans la cité.

105. Anonyme *Hallebardier* (*yaro*), v. 1685. *Ōtsue* (« peinture d'Ōtsu »), encre et couleurs sur papier, 32,5 x 23,8 cm. Allemagne, collection Geyger.

Les lieux de pèlerinage les plus populaires attiraient des visiteurs venus des métropoles, des villes et des villages, à travers tout le pays. Ils comprenaient le mont Fuji, les temples Zenkōji et Shinshōji (aujourd'hui dans les préfectures de Nagano et de Chiba), et surtout

Ise (aujourd'hui dans la préfecture de Mie). Sanctuaire shintoïste consacré à Amaterasu Omikami, dieu ancestral de la famille impériale japonaise, Ise ne fut ouvert au public qu'au XVe siècle, lorsque le soutien financier de la cour commença de se raréfier. Pour gagner de l'argent et attirer les pèlerins, les moines et les nonnes se répandirent dans tout le pays, prêchant l'efficacité des prières à Ise et montrant des peintures du sanctuaire entouré de pèlerins pour renforcer leurs sermons (ill. 106). Leurs efforts furent tellement couronnés de succès qu'en 1563 et 1585, les sanctuaires intérieur et extérieur furent largement remaniés et agrandis, grâce aux contributions populaires.

À la période Edo, les pèlerinages à Ise – pour implorer des récoltes abondantes ou la réussite personnelle – se multiplièrent, à la suite de l'amplification des vocations et du recrutement dans les confréries religieuses, stimulée par les campagnes des prêtres itinérants du sanctuaire. Les membres de ces organisations payaient des cotisations annuelles afin que, chaque année, un groupe tiré au sort allât à Ise prier pour la communauté. Les *mandalas* de pèlerinage d'Ise servaient souvent d'objets de dévotion à ces groupes, qui enrôlèrent, selon les estimations courantes, de 80 à 90 % de la population du pays. Les pèlerinages de masse (*okage mairi*) avaient lieu périodiquement, mais en 1830, la popularité d'Ise était telle que plus de cinq millions de personnes participèrent à la manifestation.

Jusqu'à la période Edo, l'observance des fêtes et des pèlerinages avait été, pour l'essentiel, une affaire locale et régionale. Le phénomène d'Ise, renforcé par l'idéologie du Mouvement de la science nationale et attirant des participants venus de tout le Japon, transcenda les cloisonnements régionaux.

POÈTES ET PEINTRES LETTRÉS

Plusieurs peintres dans la tradition de Yosa Buson et d'Ike Taiga étaient des personnalités instables, dont la vie restait enracinée dans la cité, mais que diverses raisons poussaient hors de ses murs. Lorsqu'ils voyageaient, ce n'était pas, habituellement, avec un mobile précis, mais plutôt parce que « le sens de l'éclatement et de la fluidité ainsi dégagé » conduisait à la découverte de soi-même et stimulait du même coup la créativité. Les voyages offraient aussi l'opportunité de satisfaire la passion d'en savoir plus sur le Japon et d'établir – ou d'agrandir – le réseau des mécènes possibles. Les rangs des poètes et des peintres errants augmentèrent considérablement au XIXᵉ siècle, avec l'accroissement du nombre des samuraïs cultivés, mais sans emploi, et l'intensification de la concurrence artistique dans les grandes cités.

Le sentiment poétique a été au cœur des schémas du voyage, dans la période d'Edo, et plusieurs artistes – religieux et profanes confondus – ont suivi les traces des voyageurs littéraires des premiers temps. Les lieux visités au Xᵉ siècle par le courtisan exilé Ariwara no Narihira et décrits en prose et en vers dans les *Contes d'Ise*, exerçaient une fascination considérable (ill. 35 et 36), ainsi que ceux que célèbre la poésie du moine-poète Saigyō, dont la vie et les voyages forment souvent la toile de fond des drames kabuki. Mais la source d'inspiration la plus importante a été, de loin, la *Route étroite à travers le Nord profond* (*Oku no hosomichi*), récit des voyages de Matsuo Bashō dans le nord et l'ouest du Japon. Le journal poétique de Bashō, rapportant les six premiers mois de son voyage, commencé en 1689 et réalisé en plus de deux ans et demi, est une somptueuse mosaïque d'images et d'émotions, de compilations et d'observations. À la différence de ses prédécesseurs, Bashō n'a pas employé la forme classique du *waka*, mais plutôt celle du *haikai*, plus récente. Ses poèmes se distinguent aussi par

106. Anonyme.
Mandala du pèlerinage d'Ise, fin du XVIᵉ siècle. Rouleau vertical, encre et couleurs sur papier, 100 x 180 cm.
Ise, Jingū Chōkokan.

Ce genre de peinture aidait les dévots à se préparer à leur pèlerinage ou à s'en souvenir, en dépeignant avec une exactitude aussi cartographique que possible la situation des principaux édifices dans les sanctuaires extérieur et intérieur d'Ise, les routes qui y conduisaient et les diverses purifications rituellement requises à différents stages le long de la route.

107. Yosa Buson
(1716-1783).
*La Route étroite vers
le Nord profond*, 1778
(détail). Rouleau à main,
encre et couleurs sur
papier, haut. 29 cm.
Kyoto, Musée national.

Le rouleau de long format
adopté par Buson est
particulièrement bien
adapté à son sujet, puisqu'il
permet aux spectateurs-
lecteurs de refaire en
imagination le temps et
l'espace du voyage original.
La juxtaposition du journal
et des portraits esquissés du
poète et de son compagnon
reflète le mariage
harmonieux des mots et
des images qui
caractérisent le *haiga*.

leur célébration des aspects les plus humbles et les plus incommodes du voyage, comme les puces et les poux.

Les successeurs (disciples) de Bashō ont été, dans leur ensemble, moins intéressés par la fidélité objective à enregistrer le monde physique que par l'utilisation des saisons et des lieux qu'ils visitaient pour exprimer leurs images mentales et leurs états émotionnels. Un passage transcrit sur un rouleau (ill. 107) rend bien la saveur du journal poétique de Bashō :

> Comme je touchais terre dans un lieu appelé Senju, mon cœur fut affligé par la pensée des nombreux milles qui s'étendaient devant moi et mes larmes coulèrent sur cette portion de la route illusoire qu'est ce monde.
>
> Avec le départ du printemps,
> Les oiseaux déplorent leurs regrets, les poissons
> Ont des larmes dans les yeux.
>
> Ce poème marquait le début du pèlerinage, mais il fut difficile de se mettre en route. Tous mes amis étaient rassemblés et se disposaient apparemment à rester là jusqu'à ce qu'ils vissent mon dos disparaître sur la route.

Buson, qui eut pour maître un disciple de Bashō, fut au nombre de ceux qui refirent le trajet de Bashō vers le nord ; il créa plus tard des *haiga* inspirés par ce voyage.

Bien que Taiga ait aussi eu l'idée de visiter les lieux célébrés dans le journal poétique de Bashō et qu'il ait même tenu un journal personnel de son voyage aux trois pics de Hakusan, Tateyama et du mont Fuji, sa sensibilité aux lieux diffère considérablement de celle des peintres-poètes du cercle de Buson. Ses nombreuses vues du mont Fuji et du mont Asama, par exemple, communiquent la jubilation de l'exploration et de la découverte, et un sens aigu de la curiosité sur l'environnement matériel. Bien que la représentation de paysages spectaculaires (*meisho*) célébrés en littérature eût une longue tradition dans la peinture japonaise jusqu'à l'époque de Taiga, leurs multiples niveaux d'associations historiques et littéraires avaient relégué au second plan leur réalité visible. La synthèse personnelle que fit Taiga de ces deux modes de perception – le subjectif et l'objectif – apparemment incompatibles marqua l'apparition d'un nouveau genre de peintures appelé à connaître une grande influence, les « peintures de vues authentiques » (*shinkei-zu*).

Comme leurs compatriotes des grandes cités, beaucoup d'hommes et de femmes vivant dans les villes et villages de province cherchaient à se cultiver en s'intéressant aux formes d'expression littéraires et picturales associées à la culture chinoise. Les artistes Lettrés veillaient à ces aspirations, en voyageant à travers le pays pour proposer leur enseignement aux marchands, aux fermiers et aux samurais ruraux, en échange du logement, de la nourriture et d'une rétribution variable, pratique connue sous le nom de *bunjin bokkyakn* (littéralement, « hôte d'encre lettré »). Ils faisaient ainsi de rapides incursions dans les petites villes et les villages du Kansai et autour de la mer Intérieure, où le développement de l'industrie et de l'activité artisanale avait entraîné une grande prospérité et dégagé des loisirs pour la culture personnelle.

Uragami Gyokudō, Rai San'yō et Tanomura Chikuden furent tous actifs dans cette région. Tous avaient pris leurs distances par rapport à la culture officielle, mais ils bénéficiaient aussi de leur ancien statut à l'intérieur de cette même culture. Gyokudō gagnait sa vie en donnant des leçons de *qin*, instrument à cordes dont la maîtrise était considérée comme l'une des « Quatre perfections » du gentilhomme. San'yō vivait de ses talents de poète et de savant, mais aussi de peintre et de calligraphe ; il en allait de même pour Chikuden qui était souvent son compagnon de voyage.

Ce dernier, qui descendait d'une lignée distinguée de médecins, du nord de Kyushu, démissionna de sa position de chef d'école du clan en 1811, après que ses propositions de réformes administratives locales eurent été rejetées. Il passa ensuite le plus clair de son temps dans la région du Kansai, développant ses talents artistiques au contact des autres Lettrés, surtout d'Okada Beisanjin. Ses centres d'intérêt scientifiques se reflètent dans ses traités sur la peinture, qui contiennent des appréciations sur l'œuvre des autres Lettrés, ainsi que des critiques précises sur la production des écoles rivales.

Plusieurs des peintures de Chikuden intègrent des allusions visuelles à ses voyages sur les rives de la mer Intérieure. Les scènes de fleuves et de rivières, par temps calme ou par tempête, sont omniprésentes. Deux œuvres peintes au format d'album, *Scènes vues d'un hublot de navire*, souvenir d'un voyage fait en 1929, et *Encore un plaisir de plus*, souvenir d'un autre voyage de 1831-1832, sont inhabituellement évocatrices. La scène ici reproduite, tirée de ce dernier recueil, révèle le lyrisme caractéristique des œuvres les plus délicates de Chikuden (ill. 108). Exécuté à l'encre, avec des applications soigneuses et répétées de pinceau sec, rehaussées de légères touches de couleur, ce portrait d'un solitaire jouant de la flûte dans une barque, au clair de lune, incarne l'idéal érémitique qu'il partageait avec ses amis Lettrés.

La genèse de cet album offre des aperçus significatifs sur l'importance que les artistes attribuaient aux relations personnelles. L'ouvrage, comportant initialement dix feuillets, avait été commandé par un docteur et collectionneur d'Osaka ; toutefois, avant de le lui expédier, Chikuden le montra à San'yō qui l'admira tant qu'il voulut le garder. Chikuden acquiesça, rajouta trois peintures pour son ami, avec le récit de l'aventure ; il offrit ensuite un autre album à son commanditaire.

Vers le milieu du XIXᵉ siècle, les voyages de Buson, de Taiga et de leurs disciples avaient acquis aux genres du *haiga* et au *bunjinga* une vaste audience, spécialement dans les villes et villages du Japon occidental, mais aussi dans le Kantō. La popularité de ces genres artistiques, qui combinaient tous deux des éléments visuels et des éléments littéraires, entraîna la formation d'innombrables coteries provinciales comparables à celles des centres urbains. Leur diffusion contribua aussi à brouiller quelque peu les frontières culturelles entre la ville et la campagne.

ARTISTES RURAUX ET PROVINCIAUX

Au XVIIᵉ siècle, alors que la population japonaise avait atteint les trente millions d'habitants, dont 80 % étaient paysans, la culture du riz constituait l'élément principal de l'économie nationale. Pour éviter la corruption des paysans par l'économie monétaire qui réglait la vie des villes, le gouvernement restreignit leurs déplacements et leurs contacts avec la population citadine. Au XVIIIᵉ siècle, en revanche, la diversification des cultures, la productivité accrue, la bonification des terres et – par-dessus tout – le développement des surplus agricoles commercialisables et des activités artisanales, avaient profondément altéré le caractère de la vie rurale.

Cette tendance fut accélérée par les seigneurs féodaux qui comprirent rapidement les bénéfices de la diversification économique. Afin de promouvoir le développement des artisanats régionaux dans leurs villes-forteresses et dans les campagnes alentour, plusieurs

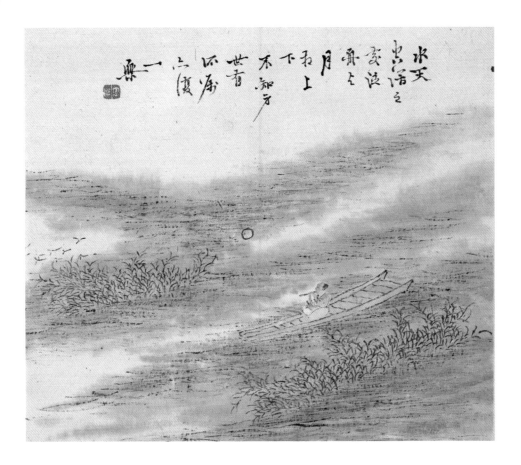

d'entre eux firent venir de Kyoto et d'Edo des spécialistes de peinture, de laque, de textile et de céramique, afin d'instruire et de former les artisans locaux dans ces disciplines. La multiplication des
contacts avec les artistes et les marchands des villes, et les courants
d'influence réciproque, accélérèrent l'homogénéité culturelle nationale, tout en renforçant l'orgueil de chaque région.

La sériciculture était une source de revenus importante pour de
nombreuses familles de fermiers, en quelque lieu où pouvaient pous-
ser les mûriers nécessaires à la nourriture des vers à soie, aussi bien
dans le Kantō que dans le Kansai. Durant tout le XVIIᵉ siècle, les artisans du district de Nishijin, à Kyoto, détinrent le monopole des tissus
de luxe destinés à la cour et à l'élite féodale. Après 1730, lorsque trois
mille des sept mille métiers à tisser de Nishijin eurent été détruits par
l'incendie, l'ourdissage et le tissage de la soie se diffusèrent et prospérèrent dans plusieurs régions, souvent sous le patronage des daimyos
locaux. Dans le Kantō, Kiryū (dans la préfecture actuelle de Gunma)

108. Tanomura Chikuden
(1777-1835)
Encore un plaisir de plus
(*Mata mata ichiraku*),
v. 1832. Feuillet d'album,
encre et couleurs sur
papier, 20 x 23 cm.
Nara, musée Neiraku.

Chacune des treize
peintures de cet album
porte une inscription
de la main de l'artiste, qui
se termine par la phrase :
« Et ceci est encore un
plaisir de plus. »

109. Take Hiratsugi.
Teinture Yūzen, tiré du
*Livre illustré des motifs de
kimono* (*Ehon kimono no
moyo*), 1690. Estampe
à la planche de bois,
20 x 15 cm.
Londres, British Museum.

La représentation de
professionnels au travail
est une longue tradition de
l'art japonais. Ici, un
artiste *yūzen* décore des
tissus en peignant les
diverses teintures, tandis
que son assistant étend les
vêtements teints et lavés
pour les faire sécher.

et Ashikaga (dans celle de Tochigi) devinrent célèbres pour leurs soieries de luxe.

Vers la fin du XVIIe siècle, le développement et la diffusion de nouvelles techniques pour décorer les tissus accéléra la production de la soie dans tout le pays. La principale de ces innovations fut une méthode de teinture indélébile connue sous le nom de *yūzen*, d'après le patronyme de Miyazaki Yūzensai, un peintre d'éventails de Kyoto dont les dessins firent fureur à l'ère Genroku (1688-1704). Dans la teinture *yūzen*, un fixatif à la pâte de riz est utilisé pour les contours délicats et la teinture est appliquée au pinceau, ce qui permet de créer des motifs picturaux extrêmement détaillés (ill. 109). Cette technique était utilisée seule ou combinée avec le bain de teinture et la broderie, pour créer des compositions spécialement séduisantes (ill. 14). À la différence des techniques textiles traditionnelles, qui restaient des secrets de famille soigneusement gardés, la technique et les motifs de Yūzensai se diffusèrent rapidement grâce aux livres imprimés, dont le premier fut publié par un apprenti en 1688. En l'espace d'un siècle, les tissus de style *yūzen*, aux teintes et aux motifs somptueux, devinrent une spécialité de Kanazawa, centre du domaine de Maeda.

Les coûts de production et les lois somptuaires restreignirent l'usage des soieries aux membres de la cour et à l'élite des samurais. Tandis que les paysans de certaines régions portaient toujours des vêtements de fibres végétales – chanvre, ramie, jute et lin –, ces derniers furent peu à peu remplacés par des habits de coton. Plus facile à tisser et à teindre, plus chaud et plus confortable que les fibres végétales, le coton était aussi très prisé en ville.

Le coton étant cultivé dans la région d'Osaka et de Kyoto, son industrie fut d'abord concentrée dans cette région ; mais la demande croissante amena aussi à le produire et à le travailler dans d'autres régions. Vers le milieu de la période Edo, bien que le coton requière un climat chaud et riche, des sols puissamment fertilisés, il était cultivé et tissé dans tout le Japon, sauf dans le nord de Honshū et à Hokkaidō. Au XIXe siècle, des ateliers et des échoppes spécialisés dans les tissus locaux s'étaient multipliés le long des grands itinéraires. Le tissu *armatsu-bori*, sorte de cotonnade teintée dans la masse, était une spécialité de Narumi, l'une des villes-étapes du Tōkaidō. En assurant la publicité de telle ou telle spécialité régionale dans ses estampes, Hiroshige contribua à la fois à faire croître la demande urbaine et à faire prendre conscience de la diversité des cultures provinciales.

Parmi les multiples méthodes pour teindre et pour tisser les vêtements de coton, nulle n'était aussi répandue que l'«ikat» (*kasuri*) qui permet d'obtenir des motifs prédéterminés lors du tissage. Originaire de l'Inde, la technique de l'ikat était passée en Asie du Sud-Est, puis de là au Japon ; elle était censée avoir été employée d'abord dans les îles Ryūkyū (ill. 110). Après 1611, lorsque ces îles furent devenues un état vassal, les ikats de coton et de fibres végétales constituèrent des éléments très appréciés dans le tribut annuel envoyé aux shoguns d'Edo.

On pense que les ikats ont été produits pour la première fois au Japon non à Kyoto ou à Osaka, mais à Echigo (dans la préfecture moderne de Nijigata), sur la côte de la mer du Japon, en raison de la situation de cette ville sur la route maritime occidentale. Vers le milieu de la période Edo, toutefois, cette technique était largement répandue et chaque région, ou presque, avait développé une gamme distincte de couleurs et de motifs. Les vêtements aux motifs de bandes ou de damiers étaient fort prisés dans les milieux élégants d'Edo ; trois des jeunes beautés de Kiyonaga, figurées dans *Prenant le frais, le soir, sur les bords de la Sumida* (ill. 57), portent des robes de ce type.

Bien que les fermiers et les artisans ruraux aient collaboré à la création de laques et de céramiques utilitaires, la production de ces objets de valeur était aussi encouragée et contrôlée par les seigneurs féodaux, pour la commercialisation ou les cadeaux officiels à Edo. En dehors de Kyoto et d'Edo, les laques les plus somptueusement décorés étaient produits à Kanazawa, centre du domaine de Maeda. Au XVIIe siècle, Maeda Toshitsune (1593-1658), troisième seigneur de Kaga, invita à Kazanawa le laqueur Igarashi Dōho (mort en 1678), dont les ancêtres avaient servi les shoguns Ashikaga. Les écritoires et plumiers attribués à Dōho montrent un niveau de raffinement technique et esthétique comparable à celui des laques de Kyoto (ill. 111). Laques et tissus produits à Kaga ont une forte allure « Kyoto », en raison de l'admiration de Maeda pour les traditions aristocratiques de cette cité.

Dans le nord-ouest de Kyushu, la disponibilité d'argiles fines convenait à la fabrication des grès et des porcelaines, et la proximité des ports stimula le développement de l'industrie céramique, pour la consommation intérieure et pour l'exportation. La production de porcelaine commença au début du XVIIe siècle, dans deux fiefs de la région d'Arita (préfecture moderne de Saga), l'un étant dirigé par les

110. Kimono d'Okinawa, XIXe siècle. Coton teinté à l'indigo, avec motif de bandes ikat, 140 x 130 cm. Tokyo, musée des Arts populaires.

111. Igarashi Dōho (mort en 1678), attribué à. Boîte pour matériel d'écriture. Laque, métal et nacre sur bois, 22,5 x 24,5 x 4,6 cm. Musée de la préfecture d'Ishikawa.

La décoration évoquant les saisons, sur cette écritoire, est faite d'une combinaison de laque, de feuilles de métal ciselé et d'incrustations de nacre, selon une technique sophistiquée caractéristique des laques produits à Kanazawa.

Nabeshima, l'autre par les Matsuura. Les fours Nabeshima, soigneusement contrôlés par les fonctionnaires du clan, étaient réputés pour la haute qualité de leurs plats de porcelaine et autres céramiques de table, peintes d'émaux sous glaçure. Le raffinement des décors reflète l'influence des manuels de peinture et des répertoires de motifs pour tissus et pour laques (ill. 27).

La plupart des céramiques Nabeshima étaient destinées aux besoins du clan ou servaient de cadeaux officiels aux autres daimyos ou au shogun. En revanche, les porcelaines connues en Occident sous l'appellation Arita ou Imari (du nom du port d'expédition, pour cette dernière dénomination) ont été d'abord conçues pour l'exportation. On attribue aux céramistes coréens ramenés des expéditions guerrières d'Hiroshige la découverte du kaolin et le développement de la production de la porcelaine en Arita (ill. 112). Après une prédominance des bleu-et-blanc, dans les années quarante, les porcelaines Arita s'ornèrent aussi d'une palette de rouges, de verts et de jaunes. Parmi ces productions se distinguent les céramiques Kakiemon, du nom de la famille à laquelle on attribue le développement des techniques d'émaux. Cette céramique, dont les formes et les tailles reflètent les goûts européens, se distingue par une pâte translucide d'un blanc laiteux et des couleurs étonnantes (ill. 113).

Les conseils artistiques des centres urbains et la disponibilité de manuels imprimés et de livres de peinture permirent aux céramistes d'Arita de modifier leurs formes et leurs techniques décoratives pour s'adapter aux changements de mode. Dans les années trente et quarante du XIXe siècle, les potiers inspirés par l'intérêt général pour le monde extérieur au Japon commencèrent de produire, dans les fours Ōbōyama d'Arita, de grands plats décorés de cartes imaginaires du Japon et du monde (ill. 114).

Or, au moment où l'on fabriquait ces plats, les progrès de la cartographie avaient conduit à la création de cartes précises du Japon et du monde. En 1810, Aōdō Denzan (1748-1822), travaillant sous les auspices de Matsudaira Sadanobu, avait publié une gravure sur cuivre reprenant un planisphère européen de 1780. Mais ces cartes n'étaient pas disponibles pour le grand public. Les passages de navires américains et russes avaient fait craindre au gouvernement Tokugawa une invasion étrangère ; l'accès aux cartes japonaises était limité, surtout pour celles qui figuraient le tracé des côtes.

Sur cette toile de fond ambiguë, les céramistes d'Arita commencèrent précisément à incorporer des cartes du monde dans leur répertoire décoratif. Ceux qui utilisaient ces assiettes et ces plats se souciaient fort peu du manque de précision géographique des cartes qui les décoraient : quelle importance, si ces dernières combinaient les îles japonaises, si familières, et le monde extérieur, d'une façon qui fût à la fois rassurante et inquiétante ? La carte reconnaissait la petite échelle du Japon vis-à-vis du reste du monde, mais compensait cette petitesse en plaçant l'archipel au centre de celui-ci, protégé du reste du monde habité par la turbulence des mers.

Les plats « cartographiques » expriment cette sensibilité aux relations entre les peuples qui a longtemps été un trait essentiel de l'art japonais. Ils témoignent d'une nouvelle perception de l'archipel comme entité distinguée par ses centres urbains, dépassant les limites des domaines féodaux. Ils attestent aussi le problème de la place du Japon dans le monde, qui allait prendre une importance plus prononcée dans le courant du XIXᵉ siècle.

L'urbanisation du Japon durant la période Edo entraîna des changements spectaculaires dans les postulats esthétiques et dans les pratiques sociales des artistes et de leur public. Jusqu'à la fin du XVIᵉ siècle, l'art était un domaine dont l'expérience se limitait à

112. Anonyme.
Fabrication de la porcelaine en Arita, tiré d'*Images des produits fameux des montagnes et de la mer* (*Sankai meisan zue*), 1799. Livre imprimé à la planche de bois, 26,9 x 34 cm.
Londres, British Museum.

Cette représentation montre un atelier de céramique au travail, avec ses ouvriers (hommes et femmes) appliqués à divers stades de la production de la porcelaine. De droite à gauche : on sort les vases du four, on les trie et on les inspecte, puis on les peint individuellement à la main avant de les recuire.

113. Bol de porcelaine à couvercle, décoré de fleurs et d'oiseaux, XVIIIᵉ siècle. Céramique d'Arita, de type Kakiemon, haut. (avec le couvercle) 37 cm. New York, The Asia Society.

L'un des douze ou treize fours d'Arita spécialisés dans la fabrication des céramiques d'exportation, celui de la famille Kakiemon, produisait des porcelaines de la plus haute qualité. On y fabriquait aussi des bleu-et-blanc, mais les vases Kakiemon étaient particulièrement renommés pour la finesse de leur pâte blanche, délicatement décorée d'oiseaux et de fleurs.

quelques privilégiés. La croissance de la culture urbaine avait remis en question ce monopole social. En participant aux activités artistiques de toutes sortes, hommes et femmes revendiquaient leur appartenance à une élite où la « classe » était déterminée par le goût et le discernement, non par la naissance. La culture devenait ainsi l'enjeu de compétitions dans et entre les cités.

Les valeurs culturelles de ceux qui vivaient dans les régions périphériques n'étaient pas nécessairement opposées à celles qui prévalaient dans la cité. En fait, à des degrés variables, les provinciaux et les ruraux se considéraient comme participants à des variantes locales du même dialogue culturel. Avec la fin du pouvoir féodal des shoguns Tokugawa, les loyautés urbaines et régionales furent peu à peu supplantées par la conscience croissante du Japon comme unité politique nationale. Pourtant, dans une large mesure, les valeurs unificatrices sur lesquelles reposait cette conscience restèrent dépendantes des goûts, des perceptions et des attitudes culturels qui s'étaient développés à Kyoto, Edo Osaka et Nagasaki.

114. Plat décoré d'une carte du Japon, 1830-1840. Bleu-et-blanc d'Arita ; diam. 51 cm. Cambridge (Mass.), Harvard University, Fogg Art Museum.

Le Japon figure au centre de cette carte, avec le nom de ses villes principales (Edo, Kyoto, Osaka et Nagasaki) clairement indiqué. Au-delà des flots, vers la droite, s'étirent les deux Amériques ; vers la gauche, le continent asiatique avec la Corée, la Russie, l'Inde et les autres régions identifiées par leur nom. À la périphérie se trouvent le Pays des Femmes, celui des Pygmées et celui des Cyclopes [sic]. Le cartouche inséré donne les distances entre le Japon et quelques pays étrangers.

GLOSSAIRE

Aragoto : Littéralement, « matière brute ». Style de jeu flamboyant dans le théâtre kabuki, développé au XVIIe siècle par Ichikawa Danjuro.

Bijinga : Littéralement, « images de jolies femmes », habituellement des courtisanes.

Bunjinga : « Peinture de Lettré », expression souvent utilisée en alternance avec Nanga (« peinture de l'École méridionale »), pour désigner les œuvres des peintres-savants amateurs distingués.

Chanoyu : Littéralement, « eau chaude pour le thé ». Cérémonie japonaise du thé.

Chōnin : Littéralement, « résidents du pâté de maisons ». Habitants des villes, essentiellement des classes d'artisans et de marchands.

Chūban : Taille d'estampe standardisée, approximativement 27 x 20 cm.

Daimyo : Littéralement, « grands noms ». Seigneurs féodaux qui ont reçu leurs fiefs du shogun.

Fusuma : Écrans ou panneaux intérieurs coulissants, fréquemment décorés de peintures.

Haiga : Littéralement, « image *haikai* ». Style de peinture abrégé et concentré, équivalent pictural des *haikai* en littérature.

Haikai : Forme de vers liés d'où dérive, au XVIIe siècle, le *haiku* moderne de dix-sept syllabes.

Jōkamachi : Ville-forteresse.

Kachōga : Peinture d'« oiseaux-et-fleurs ».

Kamigata : Région de Kyoto-Osaka ; terme synonyme de Kansai.

Kansai : Partie sud-ouest de l'île de Honshu, centrée sur Kyoto-Osaka et distincte du Kanto *(voir ce mot)*. La ligne de partage traditionnelle était la « barrière d'Osaka », près du lac Biwa.

Kantō : Secteur nord-est de l'île de Honshu, centré sur Edo (Tokyo).

Kosode : Littéralement, « petites manches ». Robe portée indifféremment par les hommes et les femmes à la période Edo.

Kyōka : Littéralement, « vers fous ». Poème de trente et une syllabes, qui parodie les *waka* classiques.

Machi eshi : Peintre de ville.

Meishoe : Image d'un lieu spectaculaire célébré par la littérature.

Mitate : Procédé pictural qui substitue un « équivalent » contemporain dans un thème classique ; travestissement, parodie.

Ōban : Taille d'estampe standardisée, d'environ 26 x 39 cm.

Onnagata : Acteur masculin spécialisé dans les rôles féminins.

Rakuchū rakugai-zu : « Vues dans et autour de la capitale ». Vue panoramique de Kyoto et de ses environs.

Rangakū : Littéralement, « études hollandaises ». Étude des sciences naturelles occidentales.

Sencha : Thé épicé. Cérémonie du thé à la chinoise, très appréciée par les Lettrés.

Shoin : Littéralement, « salle des livres » ou « étude ». Style réglementaire des résidences, au cours de la période Edo, caractérisé par des nattes *tatami*, une alcôve de présentation (*tokonoma*) et des étagères échelonnées.

Shokunin : Artisans. L'une des quatre classes dans la hiérarchie sociale du régime Tokugawa.

Sui : Urbain, chic, élégant, raffiné, etc. dans le Kansai. Équivalent de *tsū* dans le Kantō.

Surimono : Littéralement, « chose imprimée ». Estampe(s) exécutée(s) sur commande, à destination de cadeau, de proclamation ou de souvenir pour certaines occasions.

Tokonoma : Alcôve de parade pour exposer des rouleaux verticaux et autres objets d'art.

Tsū : Littéralement, « conversant avec ». Urbain, élégant, chic, etc. Équivalent, pour Edo, du mot *sui* dans le Kansai.

Ukiyoe : Littéralement, « images du monde flottant » ; essentiellement peintures et estampes représentant le monde du théâtre et le quartier des plaisirs, à Edo.

Wagoto : Littéralement, « matière douce ». Style d'acteur développé dans la région de Kyoto-Osaka, associé à des mélodrames sentimentaux et à des tragédies domestiques.

Wakā : Poème de trente et une syllabes d'abord répandu chez les aristocrates.

Yamatoe : Littéralement, « images du Japon » ; essentiellement rouleaux et paravents d'images narratives, des périodes Heian et Kamakura, sur des thèmes authentiquement japonais.

Zenga : Littéralement, « image zen ». Principalement utilisé pour dénommer la peinture et la calligraphie des moines zen, souvent travaillées dans une expressivité raffinée.

	Kyoto		Edo
1600	1615	Hon'ami Kōetsu à Takagamine	1603	Tokugawa Ieyasu devient shogun et installe son G.Q.G. à Edo
	1620	Débuts de la construction de la villa impériale de Katsura	1616	Mort de Ieyasu
	1626	Débuts de la construction du palais de Ninomaru	1621	Kano Tan'yū est nommé « artiste de l'intérieur »
			1629	Interdiction des actrices dans le kabuki
	1637	Mort de Hon'ami Koetsu	1633-39	Promulgation de cinq édits isolationnistes
	1643	Mort de Tawaraya Sotatsu		
1650	1651	Mort de Kano Santetsu	1634	Début du système du Sankin kotai (« résidence de remplacement »)
	1660-70	Débuts de la construction de Shugakuin	1650	Mort d'Iwasa Matabei
	1662	Fondation du Mankupuji	1657	Grand incendie d'Edo
	1678	Publication de *Honcho gashi*	1674	Mort de Kano Tan'yu
			1683	Gukei est nommé « artiste de l'intérieur »
			1694	Mort de Matsuo Bashō
				Mort de Hishikawa Moronobu
1700	1716	Mort d'Ogata Kōrin	1713	Mort de Kano Tsunenobu
	1730	Incendie du district de Nishijin, centre de la production de tissus	1714	Mort de Kaigetsudō Andō
			1716	Réformes de Kyōhō (**1716-1736**)
	1743	Mort d'Ogata Kenzan.	1724	Mort de Hanabusa Itchō
	1748	Publication de *Kashien gaden* (volume I)	1729	Mort de Torii Kiyonobu
1750	1776	Mort d'Ike Taiga	1764	Mort d'Okamura Masanobu
	1781	Mort de Soga Shokaku	v. 1765	Premières publications de *nishikie* (estampes polychromes)
	1783	Mort de Yosa Buson		
	1788	Grand incendie de Kyoto	1770	Mort de Suzuki Harunobu
	1789-90	Reconstruction du palais impérial	1780	Mort de Hiraga Gennai
	1790	Publication de *Kinsei kijinden*	1789	Réformes de l'ère Kansei (**1789-1801**)
	1792	Première édition de *Higashiyama*	1792	Mort de Katsukawa Shunsho
	1795	Mort de Maruyama Ōkyo	1797	Mort de Tsutaya Jusaburo
	1799	Mort de Nasagawa Rosetsu		
1800	1800	Mort d'Ito Jakuchū	1806	Mort de Kitagawa Utamaro
	1811	Mort de Matsumura Goshun	1815	Mort de Torii Kiyonaga
		Rai San'yō s'installe à Kyoto	1818	Mort de Shiba Kōkan
	1820	Mort d'Uragami Gyokudo	1825	Mort d'Utagawa Toyokuni
	1832	Mort de Rai San'yō	1828	Mort de Sakai Hōitsu
	1833	Mort d'Aoki Mokubei	1840	Mort de Tani Bunchō
			1841	Réformes Tenpo (**1841-1843**)
				Mort de Watanabe Kazan
			1846	Mort de Kano Seisen'in
			1849	Mort de Katsushika Hokusai
1850+	1854-55	Reconstruction du palais impérial	1853	Arrivée de l'amiral américain Perry
	1859	Mort d'Ukita Ikkei	1855	Grand tremblement de terre
			1858	Mort d'Andō Hiroshige
			1861	Mort d'Utagawa Kuniyoshi
			1865	Mort d'Utagawa Kunisada
			1867	L'Empereur du Meiji (Mutsuhito) monte sur le trône
			1868	Edo est rebaptisée Tokyo
				Début de la période du Meiji

Osaka & Nagasaki	Autres villes et provinces
1612 Prohibition du christianisme **1615** Destruction de la forteresse d'Osaka **1634** Installation du comptoir hollandais permanent sur l'îlot de Deshima, dans le port de Nagasaki **1641** La politique officielle d'isolationnisme limite le commerce étranger aux Hollandais, aux Chinois et aux Coréens	**1610** Débuts de la construction du château de Nagoya **1611** Ryūkyū commence à payer tribut au shogunat **1637** Iwasa Matabei invité à Echizen par Matsudaira Tadanao
1654 Yinyuan, fondateur de la secte *ōbaku* du bouddhisme zen, arrive à Nagasaki **1683** Mort d'Ihara Saikaku **1691** Mort d'Asai Ryōi	**1650** Mort de Matsudaira Tadanao, daimyo d'Echizen **1658** Mort de Maeda Toshitsune, daimyo de Kaga **1658-59** Premières commandes européennes de porcelaine d'Arita **1678** Mort du laqueur Igarashi Dōho **v. 1680** Débuts de la production de céramique Kakiemon **1689** Voyage de Matsuo Bashō dans le Nord **1695** Mort d'Enkū
1724 Fondation du Kaitokudō **1725** Mort de Chikamatsu Monzaemon **1731-32** Shen Qan (Nanpin) à Nagasaki **1740** Sō Shiseki à Nagasaki	**v. 1720** Début de la production de tissus Yuzen à Kaga
1752 Hiraga Gennai à Nagasaki **1763** Mort d'Ooka Shinboku, peintre et professeur **1788-89** Shiba Kōkan à Osaka et Nagasaki **v. 1796** Tani Bunchō, Aoki Mokubei et Uragami Gyokudo rendent visite à Kimura Kenkado	**1760** Voyage d'Ike Taiga aux « trois pics » **1769** Mort de Hakuin Ekaku **1780** Mort d'Odano Naotake **1786** Mort de Satake Shozan **1789** Mokukiji à Kyushu
1802 Mort de Kimura Kenkadō **1813** Mort de Mori Sōsen **1820** Mort d'Okada Beisanjin **1823-29** von Siebold à Nagasaki **1825** Onoe Kikugorō III arrive à Osaka **v. 1836** Mort de Shunkosei Hokuei **1847** retraite officielle de Kikugorō, qui remonte sur les planches sous le nom d'Okawa Hachizo	**1810** Mort de Mokukiji **1812** Katsushika Hokusai à Nagoya **1820-30** Voyages de Chikuden **1830** Grand pélerinage d'Ise **1832** Ando Hiroshige parcourt le Tōkaidō **1834** Mort de Tanomura Chikuden
1859 Kanazawa, Nagasaki et Hakodate ouverts au commerce étranger **1860** Mort de Kawahara Keiga **v. 1865** Mort de Gosotei Hirosada	**1859** Ouverture du port de Yokohoma

BIBLIOGRAPHIE

Addiss, S., *The Art of Zen*, New York, Abrams, 1989*

Addiss, S., *Tall Mountains and Flowing Waters : The Arts of Uragami Gyokudo*, Honolulu, University of Hawaii Press, 1987

Bellah, R., *Tokugawa Japan : The Cultural Roots of Modern Japan*, New York, The Free Press, 1985

Berry, M. E., *The Culture of Civil War in Kyoto*, Berkeley, University of California Press, 1994

Cahill, J., *Scholar Painters of Japan : The Nanga School*, New York, Asia Society Galleries, 1972

Clark, T. et O. Ueda, *The Actor's Image : Print Makers of the Katsukawa School*, Princeton, Princeton University Press et Chicago Art Institute, 1994

Delay, N., *L'Estampe Japonaise*, Paris, Hazan, 1993

Elisseeff, D. et V., *L'Art Japonais*, Paris, Citadelles & Mazenod, 1980

Forrer, M., et De Goncourt, E., *Hokusai,* Paris, Flammarion, 1988

French, C., *Shiba Kōkan : Artist Innovator and Pioneer in the Westernization of Japan*, New York et Tokyo, Weatherhill, 1974

French, C., *Through Closed Doors : Western Influence on Japanese Art, 1639-1853*, Rochester (Mich.), Oakland University, 1977

Friedman, M. (éd.), *Tokyo Form and Spirit*, Minneapolis (Minn.), Walker Art Center et New York, Abrams, 1986

Gluckman, D. C. et S. S. Takeda, *When Art Became Fashion : Kosode in Edo Period Japan*, catalogue d'exposition, Los Angeles (Cal.), Los Angeles County Museum of Art, 1992

Hall, J. (éd.), *The Cambridge History of Japan,* vol 4 : *Early Modern Japan*, Cambridge/New York, Cambridge University Press, 1991

Hashimoto, F., *Architecture in the Shoin Style : Japanese Feudal Residences*, trad. et adaptation de H. M. Horton, Tokyo, New York et San Francisco, Kodansha, 1981

Hauge, V. et T., *Folk Traditions in Japanese Art*, catalogue d'exposition Washington, D.C., International Exhibitions Foundation, 1978

Hickman, M. L., « Views of the Floating World », *Museum of Fine Arts Bulletin*, 76, 1978, pp. 4-33*

Hickman, M. L. et Y. Satō, *The Paintings of Jakuchu⁻*, New York, Asia Society Galleries, 1989

Hibbett, H., *The Floating World in Japanese Fiction*, Rutland, Vt. et Tokyo, Tuttle, 1975

Hillier, J., *The Art of the Japanese Book*, 2 vols, New York, Sotheby's Publications, 1987

Jansen, M. (éd.), *The Cambridge History of Japan*, vol 5 : *The Nineteenth Century*, Cambridge/New York, Cambridge University Press, 1989

Jenkins, D. (éd.), *The Floating World Revisited*, Portland (Ore.), Portland Museum of Art, 1993

Kaempfer, E., *The History of Japan*, 3 vols, Glasgow, 1906*

Keyes, R. et K. Mizushima, *The Theatrical World of Osaka Prints*, Philadelphie, Philadelphia Museum of Art, 1973

Lane, R., *Images from the Floating World*, New York, G.P. Putnam and Sons, 1978

Lane, R., *Hokusai : His Life and Work*, Londres, Barrie and Jenkins, 1989

Mason, P., *History of Japanese Art*, New York, Abrams, 1993

Miner, E., *Japanese Poetic Dictionaries*, Berkeley et Los Angeles, University of California Press, 1969

Murase, M., *Japanese Art : Selections from the Mary and Jackson Burke Collection*, New York, The Metropolitan Museum of Art, 1975

Nakane, C. et S. Ōishi (éds), *Tokugawa Japan : The Social and Economic Antecedents of Modern Japan*, Tokyo, University of Tokyo Press, 1990

Pons, P., *D'Edo à Tokyo : Mémoires et Modernités*, Paris, Gallimard, 1988

Rathbun, W. J. (éd.), *Beyond the Tanabata Bridge : Traditional Japanese Textiles*, Londres, Thames and Hudson et Seattle Art Museum, 1993

Rosenfield, J. M. et S. Shimada, *Traditions of Japanese Art : Selections from the Kimiko and John Powers Collection*, Cambridge (Mass.), Fogg Art Museum, Harvard University, 1970

Sansom, G., *A History of Japan, 1615-1867*, Stanford (Cal.), Stanford University Press, 1963

Sansom, G., *The Western World and Japan*, New York, Knopf, 1951

Sasaki, J., *Ōkyo and the Maruyama-Shijō School of Japanese Painting*, Saint-Louis (Mo), Saint-Louis Art Museum, 1980

Shimizu, C., *Urushi, Les Laques du Japon*, Paris, Flammarion, 1988

Shimizu, Y. (éd.), *Japan : The Shaping of Daimyo Culture : Japanese Art 1185-1868*, Washington, D.C., The National Gallery, 1988

Shimizu, Y. et J. Rosenfield, *Masters of Japanese Calligraphy : 8th-19th Century*, catalogue d'exposition, NewYork, Japan House Gallery and Asia Society Galleries, 1984-1985

Shively, D., « Sumptuary Regulations and Status in Early Tokugawa Japan », *Harvard Journal of Asiatic Studies*, 25, 1965, pp. 123-164

Takeuchi, M., *Taiga's True Views : The Language of Landscape Painting in Eighteenth-Century Japan*, Stanford (Cal.), Stanford University Press, 1992

Terukazu, A., *La Peinture Japonaise*, Genève, Skira, 1977

Thompson, S.E. et H.D. Harootunian, *Under-currents in the Floating World : Censorship and Japanese Prints*, New York, Asia Society Galleries, 1991

Watson, W. (éd.), *The Great Japan Exhibition : Art of the Edo Period 1600-1868*, catalogue d'exposition Londres, Royal Academy of Arts, 1981

Wheelwright, C. (éd.), *Word in Flower : The Visualization of Classical Literature in Seventeenth-Century Japan*, New Haven (Conn), Yale University Art Museum, 1989

Wilson, R., *The Art of Ogata Kenzan : Persona and Production in Japanese Ceramics*, New York et Tokyo, Weatherhill, 1991

Yazaki, T., *Social Change and the City in Japan*, trad. de D. L. Swain, Tokyo, Japan Publications, 1968

INDEX

TOUT L'ART

Le projet de la collection TOUT L'ART est de constituer une bibliothèque universelle de l'art à l'usage de tous les publics, depuis les débutants jusqu'aux étudiants ou aux connaisseurs.

Il n'existe pas à ce jour de collection d'ensemble permettant à tout un chacun de s'initier à une civilisation ou à un mouvement artistique, de consulter un dictionnaire pour éclaircir un terme technique d'architecture, d'approfondir dans tous ses aspects sa connaissance de l'art d'un pays ou encore de vérifier quel personnage de la Bible ou du Panthéon égyptien désignent des attributs comme la roue ou la tête de faucon.

À ces attentes comme à ces questions TOUT L'ART garantit la bonne réponse en s'attachant à satisfaire tous les besoins et tous les niveaux d'acquisition des connaissances grâce à ses différentes séries.

Les séries :

TOUT L'ART Contexte ──────────

C'est la série d'initiation et de synthèse par excellence, axée sur l'éclairage des conditions historiques, économiques, politiques et culturelles de la création artistique.

L'Artiste impressionniste
La Renaissance dans les cours italiennes
La Renaissance dans les pays du Nord
Le Corps photographié
Le Japon de la période Edo
Le Monde roman
Le Siècle d'or en Hollande

TOUT L'ART Histoire ──────────

Les grands sujets d'histoire de l'art traités à travers de grands textes de référence, eux-mêmes écrits par les meilleurs spécialistes.

L'Art de l'Inde et de l'Asie du Sud-Est
L'Art égyptien
L'Art italien
L'Avant-garde russe

TOUT L'ART Monographie ──────────

Les grands écrits monographiques irremplaçables par l'apport de leur texte à notre connaissance de l'artiste.

Brancusi
Caillebotte
Cézanne
Courbet

TOUT L'ART Encyclopédie ──────────

Tous les guides et dictionnaires indispensables dans une bibliothèque pour se repérer dans l'univers de l'art et de la culture.
a) les guides iconographiques ;
b) les guides sur les techniques ou les matériaux de l'art ;
c) les guides ou dictionnaires sur les grands mouvements artistiques ;
d) les guides ou dictionnaires à vocation culturelle ;
e) les chronologies artistiques des grandes périodes.

Guides iconographiques :
La Bible et les saints
Les Dieux du bouddhisme
Héros et dieux de l'Antiquité
Les Dieux égyptiens

Guide historique :
Les Ordres religieux